春游云南

CHUN YOU YUNNAN

云南·恋恋四季

冯　琰◎著

云南出版集团
雲南人民出版社

图书在版编目（CIP）数据

春游云南 / 冯琰著. -- 昆明 : 云南人民出版社, 2017.12

（云南·恋恋四季）

ISBN 978-7-222-16795-7

Ⅰ.①春… Ⅱ.①冯… Ⅲ.①旅游指南—云南 Ⅳ. ①K928.974

中国版本图书馆CIP数据核字（2017）第304374号

策 划 人：李 维

出 品 人：赵石定

项目统筹：陈浩东

责任编辑：解彩群 熊 凌

责任校对：苏 娅 赵苏容

责任印制：马文杰

设计制作：博 然

春游云南

冯琰 著

出 版	云南出版集团 云南人民出版社
发 行	云南人民出版社
社 址	昆明市环城西路609号
邮 编	650034
网 址	www.ynpph.com.cn
E-mail	ynrms@sina.com
开 本	889mm×1194mm 1/24
印 张	5.5
字 数	80千
版 次	2017年12月第1版第1次印刷
印 刷	云南出版印刷（集团）有限责任公司 云南新华印刷一厂
书 号	ISBN 978-7-222-16795-7
定 价	36.00元

云南人民出版社微信公众号

如需购买图书、反馈意见，请与我社联系

总编室：0871-64109126 发行部：0871-64108507 审校部：0871-64164626 印制部：0871-64191534

目录
CONTENTS

开　端

你让我讲讲云南的春天，我有一瞬间的怔忡，好像被打听到一个极熟悉的人，一时间竟想不到概括的词来加以形容和定义。

我要这么给你对比着说：

北方的春，是空阔灰茫的天空远远近近的风筝。

每个年后，我拖着行李从机场大巴踏上西安土地的那一刻，抬眼便是这样的春天——无边无际的土地看不见山，就是漫天大大小小的风筝。我也是那风筝之一，自由的，却没有根，只一线牵着，指不定什么时候会断，会身向何方不知结果。满满四年在这样的情绪里浸染，整个人都灰了。

隔了十来年去回望，我对于北方春的记忆只此景象无比清晰，才会写下："省外的春天叫雪化，而云南的春天叫开放。"北方冬的冷很凛烈，人必须包裹得严严实实，户外活动自然能少则少，只有开春雪化，人们才聚众在街头，借着春风放飞风筝，抬眼看一下终于开始亮起来的天空。

但在云南，春天真的是开放。因为最显著的特点不是气温，不是是否雪化，而是一夜间各种花都开了，漫山遍野大规模的花开。对，这里是有山的，一眼看不到山后，山后还有山，还有不一样的风景、不一样的花。这里的天不灰，又高又蓝，衬得花色尤其明艳。

我特别留意这个春天，想把它表达得美一些，想把它从我心目中既往云南四季的最低排位里往上拉一拉。这么些年，在我印象中，云南的春天是四季里风最大的，空气最干燥的，最冷的。你没有听错，在云南，很多年份，冬其实不算冷，最冷的，是春天。

你该糊涂了，一个漫山遍野花色浓烈、名叫“开放”的春天，偏偏最冷。这是什么逻辑？

亲爱的，别急，让我慢慢讲给你听。

◆ 泸西山色村

立春以后

云南的春天是从一个叫“赛装节”的盛会开始的。

这在我，绝对是今年的新发现。以往春天到来的征兆就是风大起来了，吹得人狗睁不开眼，吹得随时看见回头追帽子的人。曾有位体重80多公斤的朋友表达对大理下关的不接受：“你想想，我这种吨位，出门直接要扶墙啊，不然吹跑的！”云南的春风力度，大理算是代表，上关花，下关风，苍山雪，洱海月，是大理“风花雪月”名片的由来。如今一进大理高速收费站，远远就可以看见山上连线挺立的巨大白色“风车”，借风力发电是新能源的路数，不期然却旋转成游人眼中的别样风景。

扯远了，没办法，在云南讲云南，真的每个话点都可能跑题，因为可讲的实在太多。

今年，我特别留意了春天在大风层面下的切实表征，同时也是云南春天序幕的揭开，就是楚雄州永仁县直苴地区这场流传了1352年的赛装盛会。按照节气与干支算法，立春，其实是真正意义上新一年的开始，可对于绝大多数中国人，春节的人为性隆重用大家都愿意接受的团圆热火为新年敲响了钟声。于是，作为新春启始的立春所带来的春讯就很微弱，倒是这场开始自正月十五的“中国乃至世界最古老的乡村T台秀”吹响了云南之春的号角，吸引了世界的目光，同时也将古老的、具有浓郁民族特色的彝绣元素通过现代时尚的重新演绎、包装，推上了世界顶级服装秀场。

我在《永仁县志（1988～2005）》里找到这样一段记述：“每年农历正月十五日，聚居在永仁县直苴地区及附近中和、大姚县桂花等地的彝族群众，都要聚集在一

◆ 赛装节现场

起欢度赛装节。开展跳脚、对歌、文艺表演、服饰展演等活动。展出服装有毕摩装、猎人装、老年男装、老年女装、中年男装、中年女装、男青年装、女青年装、孕妇装、劳作男装、劳作女装、男儿童装、女儿童装。体育竞技项目有登山、射弩、老虎捣蛋、拔藤子、双拐、顶肩、耙田、捆驮子、穿针等。”这么直白、刻板、木讷的表述简直让我笑断气，可又不得不承认，归纳起来，可不就这么回事儿。然而这世间的生动与美好，有时靠文字传扬，有时却被文字埋没。这是云南值得你亲自来感受的原因，也是云南吸引着人一次又一次返还与流连的理由。这赛装节，1352年，你不来，它只是志书上的“男女老少装”；你来，它是艳阳下从鼻孔里到身体深处都溢满的草木清香，是山坡上成“之”字形鱼贯行走、身着五彩盛装的彝族男女老少，是耳畔飘过的悠悠山歌，是成千上万人循着同一节奏环圈歌舞的酣畅淋漓……

时间无法逆推回1352年前，唐高宗治下麟德二年（665年），深藏在大山深处的这场狂欢，究竟是怎样的境况，只有传说在告诉我们赛装会的起源。那是很久以前，要不是朝拉若、朝里若兄弟追猎到此，山清水秀、古树参天、鸟语花香的直苴不会被人发现；要不是两兄弟把箭筒里倒出的三粒谷子顺手播种在泥淖之中，秋天长出三大丛谷子，每一丛都穗长秆粗，金黄饱满，直苴不会成为“月利巴拉”部落的安居地。基于兄弟俩发现直苴的功绩，而二人又俊勇善战，部落的姑娘们都芳心暗许。这下可麻烦了，到底娶谁为妻好呢？长老发话了：“谁家姑娘能把这里的山山水水、花鸟树木绣在衣服上，就娶谁为妻。” 比赛日子定在正月十五那天。古时，刺绣、缝补无疑是女子心灵手巧的最佳表征，也是男子择偶的标尺准则，于是所有姑娘都忙于采摘野花、野麻、紫草纺线织布，精心刺绣。正月十五那天，姑娘们穿得花枝招展，使人目不暇接、眼花缭乱。从此穿花衣赛服选妻的传统便流传下来，慢慢成了今天的“赛装节”。

97岁的李永福么老奶奶还能清楚叙述6岁那年第一次参加赛装节的情景，身着花衣的她跟随大人们走在去赛场的山路上，看什么都新鲜，看什么都热闹。山风微凉，阳光灿烂，花枝共彩装映照在蓝天下明艳得如同梦境，这梦境一走就是90年。90年间，衣裳的质地越来越细腻，织绣的花样越来越繁复，色彩的搭配越来越大胆，李永福么

◆ 永仁赛装节

◆ 李永福么

◆ 北京 T 台上的彝绣服装

从不谙世事的小女孩长成亭亭的大姑娘，然后结婚生子，然后抱上孙辈，每年一针一线刺绣出来的衣裳映衬着她的成长，从童年时光开放成青春年华，从初为人妻人母再步入垂垂老年。岁月这奇怪的东西，把人的光泽都吸附到物件上去了。97岁的李永福么迎着阳光刺绣的双手透出山民特有的黑黄色泽，像用了很久的陶罐，用包浆诉说着岁月的经过。把手轻轻抚上去，微凉的粗砺皮下，被包裹的骨头又活动着不乱不惊的温度。90年，四季周而复始，李永福么已经记不清画了多少不同的花朵，绣了多少不同的花样，山花开了又谢，衣裳上的花朵却始终鲜亮如初见。多少个像李永福么一样的姑娘，仿佛是用自己的青春蓄养着这些美丽的衣裳，让它们一年比一年灿烂，甚至吸引了世界名模马艳丽的目光，令她数次来到直苴采风。彝族服饰随手即画的刺绣花样、繁复的绣制工艺、丰富的表现内容深深地打动了马艳丽，她将彝绣元素吸收到自己的服饰设计中，不断获得创意灵感，把古老的少数民族服饰融合现代元素，带上了世界T台。

但反过来说，这华丽的赛装盛会又何尝不在承托着彝族山民们的生活。民国十五年（1926年），报纸上还喧嚣着战火、争斗、血泪，世界风云动荡，直苴深山庇护中的彝族村民，以6岁的李永福么为代表，却一年年雷打不动地参加着赛装盛会，把“岁月静好”用服饰、用欢聚、用酒歌、用舞步诠释到了极致；而衣饰作为赛装的主角，也绣尽村民们幸福生活的美满、对未来收获的祈愿以及子子孙孙无断绝的绵长愿景。

今年有近5万人聚集到位于永仁县中和乡西南部、距中和镇政府驻地13公里、距直苴村委会驻所南面1.5公里的直苴赛装会现场，李永福么领着已长大成人的孙女也赶来了。这片场地目测在一万四五平方米之间，是块形似一把座椅的缓坡，山腰平坦开阔地段辟为舞台，稍加修饰的梯面山坡做看台，看台上错落杂生着几十棵古树。几十几百里外的彝族同胞们，在正月十五这天，男的穿羊皮褂、系麻布围腰，女的身着自制花衣、花裤、花鞋子，系花围腰，戴鸡冠帽，成群结队涌入这古树参天的山坡。整个赛装场人山人海，五彩缤纷，歌乐动天。红红绿绿的花衣、马缨花一样的鸡冠帽把整座山映得通红。

◆ 永仁彝族赛装节上的孩子们

彝族社会中的知识分子，也是彝族文化的维护者和传播者毕摩（彝语音译，“毕”为“念经”，“摩”为“有知识的长者”，是最受尊敬的人）提前一天就要作法请山神帮忙，保护宾客们来路平安；而在会场，他们要按彝族传统主持祭祀仪式，向三界、祖先、自然供奉苦荞、肉、酒等供品祈祷之后，把平时繁复的祭祀语浓缩成一句祈福的话，祝福来宾平安吉祥、幸福快乐，还要祝福直苴百姓安康富裕。

毕摩日常工作就有50多种，但每年最重要的工作就是主持赛装盛会。毕摩有着严格的传承惯制，与彝族父系继承制相适应，千百年来遵循着传男不传女的准则，因为女性

◆ 毕摩李清云主持赛装会

◆ 彝族鸡冠帽

◆ 精美的刺绣挎包

◆ 赛装节局部

17岁以后无论结婚与否都不再视为父亲家支的成员。这个神圣的职业，限制在族体内部传承延续，使家支永保毕摩世家的殊荣和地位。直苴村毕摩传承人李清云带着5个徒弟，最年轻的也45岁了。赛装节不仅吸引世界各地的媒体前来采访，更因为保留传承下来的少数民族原生态——如毕摩、如彝族口传历史史诗“梅葛”的念诵——吸引了多国专家学者前来考察访问。

祭祀完成之后，文艺演出开始，唱山歌、对调子、拔河、顶肩、跳脚，欢声笑语不断。女人们争相展示自制自绣的花衣，不仅是未婚姑娘，结了婚的妇女包括李永福么这样高龄的老奶奶都尽情展示着自己美丽的服装，完全没有年龄的限制。整个赛装场已分不清哪里是春花，哪里是花衣裳，整座春山如花如画，写满浓浓的春意。

入夜之后，月光成了赛装场地唯一的光源，兴味正浓的山民们依旧围成圈继续打跳。据说政府本来打算在赛装场地安装照明设备，以方便大伙通宵狂欢。村民们可不乐意了，说要是装灯他们就不跳了。我听着忍不住笑，别说看对眼的姑娘小伙需要悄悄钻进树林——年轻时的李永福么就是在赛装会遇到自己的有情郎——哪怕拖家带口的人，也需要在这样一年一度的热闹中放松身心，尽情欢歌畅舞。放浪形骸于天地间，要灯做什么！在这样狂欢的夜里，整个山谷在月色的映照下，通宵回荡着赛装场上传来的此起彼伏，时而高亢嘹亮，时而低回婉转的打歌声，正是俗语说“赛装赛到日落头，打跳打到月当空”；“阿哥跳穿千层底，阿妹跳破绣花鞋，跳得黄灰做得药，跳到天亮才快活！”随着月亮升起，通往赛装场的四面八方的羊肠小道上，陆陆续续又冒出些男男女女，人流渐渐都汇集到了白天的赛装场。月光下，只见人头攒

◆ 赛装节来跳脚

动，身影飘然。人们围成一个个大圈，簇拥着弹琴者、放歌者，顺时针方向尽情地转动打跳。月亮映照着姑娘们的羞涩，山风吹开小伙们的懵懂。起初是温文尔雅、轻歌曼舞的，随着女孩们歌声渐渐响亮，打跳也开始进入高潮。此时，男子如猛虎下山，狂野奔放，他们脚下的尘土飞扬起来，淹没了人群，只听得见满耳的歌声、琴声。初春的夜里，打歌场上的黄土随着人们的欢腾被扬上夜空，在月光的映照下，如一朵朵橙黄色的云彩。清冽的山风一阵接一阵，灰黄的云彩一朵朵飘散，又一次次升起。激昂的人们累了，手拉手原地休息。不一会儿，三弦琴再次淙淙响起，人群又涌动唱跳起来。女子们春心荡漾，山歌温润，低回婉转；男子们生机勃发，激情四射，舞步矫健。谁是今夜的主角，就看谁的春歌最深情、最嘹亮，就看谁的舞步最刚猛、最狂野，她（他）便是众多异性心仪的对象。春山、春风、春夜，春思、春意、春情，人花相映，月影相随，从此，今年的春天便进入了云南。

我们这些外来人，语言不通，就围坐在打歌场周围滚烫的羊汤锅旁边吃边取暖。这是山里养的自由羊，跑跳随意，因此肉质紧实有嚼劲；吃的是香喷喷的青草吧，所以汤鲜肉甜。在夜凉如水的深山之夜，在冬的尾讯尚未完全消散的开春时节，这样一碗羊肉汤把人完全笼罩在紧实和暖的幸福里。正月十五才是彝族人过大年的日子，他们不但赛装、打跳，还家家户户杀猪宰羊摆宴席，供奉祖先，沉浸在开春所带来的万象更新的年味里。

如果用红色代表云南的彝族，你会发现，云南大部分地区一片火红。这个崇尚火的民族以赛装节、火把节出名，但其实云南的彝族服饰多达400余种（其图案、颜色、穿着方式等因支系不同而不同，即使支系相同，地区不同，服饰差异也很大），传统节日和集会就有57个。彝族同胞会说话就会唱歌，会走路就会跳舞；彝家小伙会吃饭就会喝酒，彝家姑娘会拿筷就会绣花。彪悍的外表掩不住彝家男子唱起酒歌、情歌时那把迷死人的温柔嗓音，而彝家女子则用灵巧的双手把美丽和爱情穿在身上，也把勤劳和文化穿在身上。

◆ 永仁远眺

来永仁之前，就听说这里有保存完好的老民居建筑群，这些主体保留着清末到民国时期风格的民居，位于永仁县金沙江支流万马河畔的中和镇中和老街。这里是灵关道从四川进入云南的第一站。民国时期，中和老街是大姚县北区政治、经济、文化和交通中心，由以夏匡周为代表的夏氏家族管辖。整条街占地百亩，长超300米，宽4米，南北走向，顺山势伸展，“临街两侧的建筑群一层都是商铺，顶层阁楼做客房，许多自开街之时就有的商铺、马厩得以完整保留。街道由青石板铺就，五尺铺台全由条石相扣，户连户，房连房，整齐有序。两旁的商铺房屋楼板、墙壁、门窗均为木质，饰有山水风光图。房屋依地势建盖，由下而上逐级递升，柱石相扣，上下层走廊互为贯通”。这让老街整体有一种莫名的齐整感，夏氏故居是其中的代表。而更为出名的夏家大院就不仅是齐整了，还特别对称。夏家大院始建于1934年，实际上是一南一北两个相同分体的组合或叫叠加，融合了白彝民族风、中西建筑味的“走马转角楼、四合五天井”，在老宅规制中透着新意，也透着见过世面的挺括。夏家的一对亲堂兄弟合资修建了这南北两个相同的分体建筑，合称夏家大院。在北院厢房正对的山墙上，居中嵌刻着楷体大字：“清泉山房”。

中和镇老街

永仁被称为云南北大门，位处川滇两省通衢大道必经之地，这个地理位置正好在金沙江南侧较高的台地之上，“由此造就的清凉世界与山下炎热河谷迥异，永仁也成为金沙江河谷地区罕有的避暑胜地”。“清泉山房”这个别称也许正来源于此。我不知道着了什么魔，从走进清泉山房那一刻，就深陷其中无法自拔。哪怕此刻已离开有些时日，一想到清泉山房，也会有一口热血冲涌胸间，化了滚滚的泪漫漶眼眶。于是，整个下午我都在疯狂寻找关于清泉山房的资料，可是非常有限，大多都在形容建筑如何如何，对人与事确实的记录只有几十字，实打实的信息几乎只剩合资建

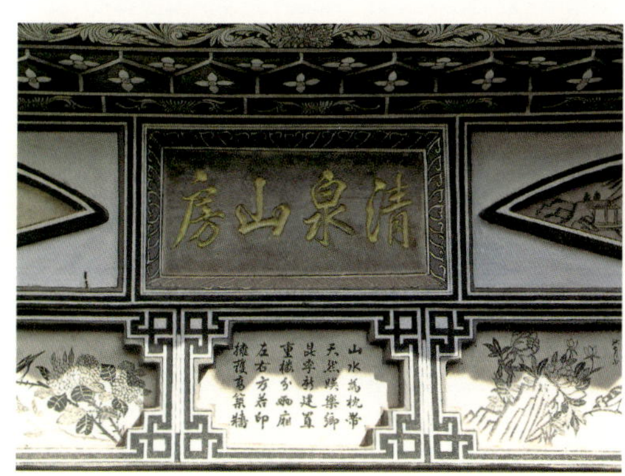

山墙上的“清泉山房”

房那对堂兄弟的姓名：夏匡周之孙夏云与夏信（就连这名字也还有其他写法，又有叫夏银与夏训的）。可我就是固执于资料的搜集，总觉得历史滚滚而过，一个个的人物与无数岁月错叠的影像被封印在“清泉山房”四个字里，我想知道！

云南的一山一水不仅饱含春光，滋养着各色花朵争相绽放，也深藏着一个又一个故事，有步履蹒跚的艰难生存，有奋发图强的鼎新革故，有满含深情的远送挂念，有靠山饮水的乡亲合力。所有的个体记忆，砌筑国家的历史，仿若民族的集体回望——

◆ 夏家大院

当时只道是寻常。当时只道是寻常，日子一天天过下去，时间一分一秒走得毫不疼惜，转眼数年数十年。花儿开了又谢，谢了又开，山川风物快镜头一般起起落落，消减叠加，定格的那一瞬，是眼前，是时时不知如何是好的日常，是长叹一气过也过不完的人生，也是总期待着来年花开的春的盼望。

也许，春的意义就在于给人希望，无论如何艰难，总可以重新开始的希翼。

云南总给人一个印象是山水家园，可我走了云南这么些地方，却深深感到云南不仅是山水的，更是人文的。就像永仁，不但有山清水秀的自然风光，还有深具浓郁民族风情的赛装节，更有写满历史况味的中和老街古建筑群和清泉山房。云南春的开放，不只是各色各样花儿的开放，更是各少数民族辞旧迎新心情的开放，是来了就陷入花海和节庆热潮的游人身心的开放，也是岁月里那些看尽了历史风风雨雨的古宅古迹，在春天到来时一声悠悠的呼吸。

呼吸，正是立春的本意吧。天地俱生万物以荣的发陈时节，往者过而来者续的建始之初，呼吸就像一声应和，答应着，说知道春来了，我脱棉服去，但秋裤还是先留一留，以取下厚上薄、保养阳气的道理，早睡早起，披散开头发行走于庭院，呼吸吐纳天地间春来的气息。这呼吸还得选个地方，湖静如镜、梨花似雪可好？

我们驾船去，沿着苍洱国家级景区茈碧湖向北。在晨间凉得特别干净的湖雾中穿行，划开通透、齐整得分不清原形倒影的茈碧湖面，往那世外桃源般的所在——大理洱源梨园村。

◆ 茈碧湖

这个省级民族文化生态村与大理

地热国隔茈碧湖相望，远离尘嚣，湖光山色，有“世外梨园”之称，是全国农业生态旅游示范点之一，也是云南省重点建设的28个民族文化生态村之一。村庄面积600多亩，是典型的白族村落，村中房前屋后有树龄500年左右的古梨树7480株，每年春至，整个村子就被雪白的梨花覆盖，一片纯净天然。如果站在高处，可以看到娇柔的梨花如浪起伏，迎向宁静秀美的茈碧湖——“我有一所房子，面朝大海，春暖花开”也不过如此！

受茈碧湖水调节，梨园村春冬多晴，夏秋多阴，气候温和如性情温婉的白族同胞。史料里说：梨园村最早的开拓者和居民是明嘉靖年间世袭土知州阿氏的后人，阿

◆ 洱源梨园村全景

迁乔带着两个儿子阿筱聪、阿林聪以及一些族人，来到叫“大河头”的山谷，在原始森林中开垦荒地，种植梨树。遥遥几代人的苦心经营，山谷终成人烟繁盛的村落，梨树也招展成林，覆盖了整个山谷，大河头从此改称“梨园村”。当年行游至此的徐霞客评价说：“虽无六桥花柳，而四山环翠，中阜弄珠，又西子所不能及也。”状元杨升庵也在泛舟葩碧湖后写下“远梦似曾经此地，游子恍疑归故乡”的诗句。良好的居住环境、健康的饮食、与世无争的生存态度使得村中老人多长寿，80岁以上的老人有20多位，最长者更是高寿过百，因此素有“长寿村”的美誉。

◆ 梨花

你慢慢踩着卵石去尽情呼吸干净的、带着梨花微甜香味的空气，我在梨树下摆开桌椅张罗饭菜：鱼是茈碧湖新鲜打上来的，肚皮白白，扑腾着通透的鲜活样；菜是老乡地里现割现摘的，还带着露水，不用化肥，送嘴里就嚼也是可以的。你转累了就来坐下，是不是扑鼻的饭菜香？在这梨树下，阳光洒满，寻回久违的吃饭的安心和满足。大理的酸木瓜煮鱼是出了名的，但在梨园村，咱们不吃煮的，换成烤鱼，更香甜！立春伊始，重在生发，培育阳气，宜食辛甘而忌酸收，这样的饮食不仅味美，更有利身体。

◆ 梨园放牧

同样的白族村落还有位于鸡足山九莲寺前的寺前村。如果说梨园村有着世外桃源般的隐逸和秀美，那寺前村则依托于云南最著名的佛教名山鸡足山而有了浑厚、深沉的气质。村落循山而建，环山而上，层层分布，白族民居特色显著，在春发的嫩绿掩映间，尤其清爽、庄重。村因背靠鸡足山中爪凤凰山尾而原名凤尾村，为入山朝拜的必经之地。村中众多古核桃树和古板栗树俨然成园成林，为村落平添厚重的历史古韵。

◆ 宾川寺前村

崇祯十二年（1639年）八月二十三日至九月十四日，徐霞客借居鸡足山养病，一面搜集资料、考察地形，为创修《鸡山志》做准备。他在鸡足山书赠妙行诗两首的原件保存于云南省博物馆，是流传至今唯一的徐霞客手迹。崇祯十三年（1640年），病中的徐霞客双足俱废，被丽江木土官派滑竿护送下山经水路回到家乡，结束为期四年的“万里遐征”，以自己的惊人创举攀登上地理科学的高峰。承载了如此厚重历史的鸡足山也在佛教名山之外成就了历史文化名山的盛名。

寺前村的古核桃、板栗相传为徐霞客数百年前带来种植，村中老人也会给你讲一些当年徐霞客途经的轶事。隔了近四百年风烟，传说里的崇敬还很浓，故事里的温度还

◆ 大理宾川鸡足山

滚滚于心田——一个人用双脚丈量大地的力量、以品性行走四海的懿德，在天地间丰碑永立、余音不绝。白族将英雄人物（有时甚至是入犯的军队首领）奉为本主，把风花雪月戴在头上，用感人的历史人物事迹浸润日常生活，整个民族呈现出一种通透、平和。坐在寺前村中古树间品茶、听故事，有初展娇颜的桃花随风飘飞粉色花瓣，落到茶碗、发梢，引人发愣，怔忡间不知今夕何夕。

灼灼桃花凉，今生愈渐滚烫。

一场三生三世十里桃花之约，滚烫了云南文山普者黑喀斯特国家森林公园，这里春为十里桃林，夏则万亩荷塘，秋来麦田金灿，冬见候鸟翩飞，是一个四季旅游皆宜的地方。独特的馒头形山包，一座座散落在水间、田间，精巧得让人怀疑已经走出了云南的群山莽莽。而河水与桃花的搭配，令人想到金大侠笔下浪漫、神秘的桃花岛，不知掩藏了多少故事让你去发现，或者等你去成为其中主角，追索前世，纠缠今生。

小时候喜欢特立独行，对成群连片的事物没有好感，也没来由厌恶粉色的俗艳轻佻；长大以后，经历越多越发现，再没有比桃花更适合作为春的代表。那色彩，是人生几度终于还有希望在的慰藉；那姿态，是忘我忘人什么也留不住什么也不必留住的洒脱。“桃之夭夭，灼灼其华”，人这辈子，不断地去发现，不断地去否定，不断地去构建自己的人生观，周折回首间才惊觉，这些过程，早被古人、被也许不知几世轮回的自己，在很久很久以前落笔写定，那么高度概括，那么不容置疑。无情的词句隔了时空敲打过来，让你摧肝裂肺，泪流满面。就像王这么在《错生帝王家的才子们》里说后主李煜：“他的故国，就是我们所有人的江山万里，热爱的所在，想念着的人。他的‘流水落花春去也，天上人间’，就是我们所有人终会面对的丧失，与对这丧失的悼

◆ 桃之夭夭，灼灼其华

◆ 普者黑之魅

◆ 荷塘行舟

◆ 打水仗

词。所以后主的词，几乎是不能解的，只有去读，然后，等时间来告诉你，你少年时信口读过的，竟是些什么。”

竟是些什么！这桃之夭夭、芳菲随水的瞬间，你的眼、你的心、你的身体，无名无姓，只是天地间一生灵、历史中一尘埃。在云南的春天里，会突然间清楚了自己的身世，找到了自己的根，然后学会了放下。

◆ 多彩普者黑

四季花无缺是云南特别漂亮的一个特点，正是：“天气常如二三月，花枝不断四时春”，虽为杨升庵咏昆明的诗句，但放之云南而皆准。不过，就算在云南，如果说到花海无边，说到花开荼蘼，那必得是春天无疑。《云南画报》做过一个春天的专题，用了

“高原花开，群山很忙”的说法，煞是形象。几乎触手可及的深邃蓝天下，漫山遍野花开烂漫。头顶流云多姿，脚下花海腾浪，置身其中的你，唯一想做的事就是喊和唱。

你能想象八十万亩油菜花海的壮观吗？驱车行进在这样的春天里，金黄流泻得满大地都是，人几乎要被这金黄席卷，赶紧就近爬上一座山峰吧，十来米，很容易的，然后喘口气，静静地看春阳下油菜花铺天盖地而来。也可以专门上金鸡峰，那是无数摄影师魂牵梦绕之地，占领一个位置很难哦，因为一不小心就出大片。有经验的摄影师都会头天请当地老乡帮忙，半夜就去把三角架支上，占领绝佳“阵地”。

◆ 罗平油菜花海

◆ 花动一山春色・高黎贡山

你还可以去腾冲，上高黎贡山，搭乘热气球体验别样的情人节浪漫。昔日惨烈的滇西抗战主战场，如今鲜花遍地，一片春日祥和气息。绿叶缠绕枪支，花朵堵住枪口，春天留给爱情，热血献予诗篇，才是人间。

要是你不爱花，那就驾一辆越野——要好好走云南，真的需要这样的装备，不然，很多风景藏在深山人未识，你进不去，徒叹奈何或此生错过——去往珠江源。位于云南曲靖市沾益区的珠江正源，最能体会“踏青”的乐趣和意义。在马雄山上极目远眺，在珠江源头探问古今，循着徐霞客等前辈的脚步，去发现江河源头，去体会人迹罕至的朴拙自然，去看“最是初春二三月，青山满目杜鹃香”。我又绕到花上了！可是春天走云南，你真的想不看见花都难！

◆ 花海

◆ 珠江源

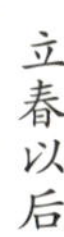

云南最有名的是昆明，最被忽略的恰恰也是它。来云南旅游的人大多把昆明当成中转地，从这里辐射去往大理、丽江，几乎没有人认真走过昆明，好好地看它的风景、了解它的历史、感受它并不逊色的人文气息。

还是从花说起。昆明的市花为茶花，春赏茶花最佳地点当属金殿。对昆明人而言，金殿是个地名，是昆明市区东北七公里的鸣凤山的代称，是昆明的后花园。实际上，金殿属于道教太和宫的一部分，因大殿用黄铜铸造，阳光下光芒四射，映得翠谷

◆ 太和宫

◆ 福映棂星

◆ 金殿朝晖

◆ 金殿侧影

◆ 金殿匾额

◆ 据说依吴三桂面貌所塑真武大帝神像

◆ 铜殿穹顶

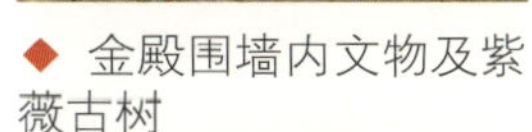

◆ 金殿围墙内文物及紫薇古树

◆ 金殿围墙

◆ 金殿题壁

◆ 铁旗杆

◆ 荷映

◆ 石狮

◆ 寿字窗格

幽林金光灿烂，故而得名，又称为铜瓦寺。始建于明代万历年间，陈用宾仿照湖北均县境内武当山天柱峰太和宫及金殿，略加变化而建；康熙十年（1671年）平西王吴三桂重修，是中国四大铜殿之一，比北京颐和园万寿山金殿保存完整，比湖北武当山金殿规模大，称为“中国现存最大纯铜铸殿”当之无愧。金殿风景区自然风光优美，处处小径穿林，树木苍翠，遮天蔽日，不时响起不同声调的鸟鸣，深得道家文化之精

髓。初春时节，更有各种各色茶花竞相开放，“映出漫天绯红，美不胜收”。近年来，景区充分利用空地栽植玉兰、木瓜花，培育温室奇兰、七色多肉，大大增加了游客参观游览的乐趣，也令景区四时花开不断。金殿静静伫立了近四百个春秋，二百多年来因吴三桂而声名愈噪。历史彰显人物与事件，又默默将他们深埋入岁月，不论不评，任由一切在人言与书册间流传。

每年初春，这座山是最热闹的。人们奔着盛放的茶花而来。也有人问及那段历史，好奇那场情事，各种探问要么由史书冰冷应答，要么如台阶起首的石狮沉默以对，像铜殿窗格上数不清的“寿”字（其中一个被游客摸得锃亮），没有唯一答案，最真实的只剩生活的基底和人性中不变的欲望。相隔几公里，更近城中心，吴三桂为陈圆圆修建的安阜园，同样因为人来人往而热闹非常。只是，这里没了隆重，也没什么端肃，与普通的街心公园几乎没有两样。但若细心，会发现特意保护起来的陈圆圆刻像残碑；会想到，这带有江南特色、秀丽精巧的园子，起初只为一个女子而建。时至今日，偌大的安阜园真的寻不着情爱的一丝半缕，唯余残碑冷字“幼从养姥陈氏姓，有殊色”，此后命运流转，宠辱相伴，疑惑难解的又何止“不知所终”。那一年的忍冬之香究竟是旷世之恋的序曲，还是红颜逐水、英雄末路的挽歌？

◆ 茶花

◆ 滇池湿地

我们且把花放在一边不提，昆明近年来另一大特色是湿地的恢复。

孙髯翁“五百里滇池奔来眼底”的壮阔因为历史和人为原因，已经很多年看不到了。昆明出于保护滇池的目的，用了好几年时间，慢慢重新恢复、建设、培育湿地。于是，今年春天，整座城市几乎到了处处是湿地公园的地步。尤其春来，湿地公园各种绿都鲜活起来，绿与水一调和，让人感受到充蕴着水汽的温柔。居住在湿地附近的人家家有了后花园；住得远一点的，周末也不必长途跋涉就有了休闲好去处。散步、吸氧、骑行、滑板，小孩子摸鱼捉虾，就是围坐打牌也打出了优雅舒适的境界。如今择晴日再登大观楼，金光灿灿的滇池已然恢复了当年“奔来眼底”的风姿。

欣赏滇池风光的另一个好去处是海埂大坝。从滇池去往大坝的路上，一条街都是海棠，绯红而细碎，摇摇曳曳迎着夕阳播洒浪漫，初春时节红嘴鸥还没有完全散去，回归西伯利亚的大部队虽已不见身影，但流连着不肯离去的小群落还依依不舍地徘徊在睡美人身畔，与那一路绯红的海棠谱写成冬春交替的美丽诗篇。

人生呐，五味杂陈。还有什么，比日复一日更令人绝望；又有什么，比春去春回更令人欣然！

◆ 人鸥乐章

雨水，雨水

雨水节气，春天的第二乐章：气温回升，乍暖乍寒，令人想到笛声。只有笛声，可以穿过雨雾，不扰人而悠远地告知某种到来。

笛声里，是雄奇的澜沧江由北向南纵贯维西全境165公里，是这“三江并流腹地”的初春时节，白茫雪山深处海拔2200米的山坳，一面向阳的山坡，雨水节气的云雾缭绕中，满坡层层叠加而上原木垛起的木楞房，铺陈眼前。这是一个名叫“同乐大村”的傈僳族村落。

◆ 维西同乐大村

傈僳语把笛子叫作“菊律”，你很难用汉语思维去分析笛子和菊律之间的联系，但傈僳族懂，他们觉得菊律就是菊律啊，哪来那么多为什么。这个跨境而居的云南特有少数民族，境内人口超过70万，主要分布于怒江傈僳族自治州和维西傈僳

◆ 哇忍波

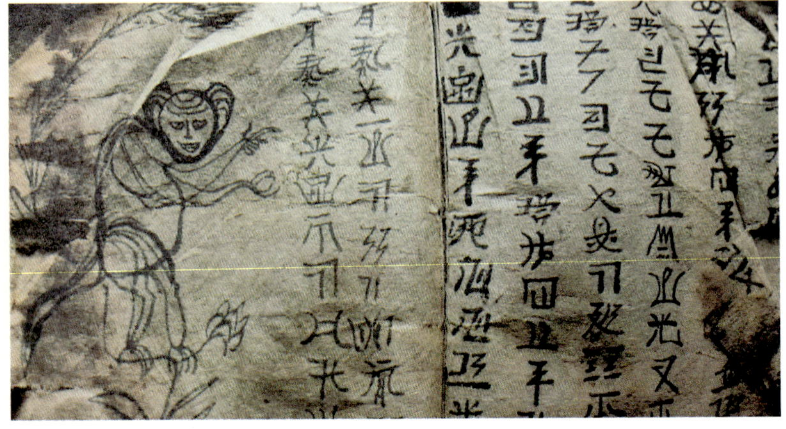

◆ 哇忍波手书

族自治县。根据服饰色彩的差异，称为黑傈僳、白傈僳和花傈僳。直到20世纪初，傈僳族的重大活动、事件都依靠口耳相传，1925年前后，中缅边境的西方传教士用大写的拉丁字母及其变体创造出傈僳拼音文字，称为老傈僳文；1957年，中国科学院创制出新的傈僳拼音文字，经国务院批准全国推行；维西县叶枝镇的哇忍波幼年时家庭因木刻符号的不同解读损失了一笔钱财，于是十年努力创造出中国历史上最后产生的一种文字——“傈僳音节文字”。少有哪个民族，深山隔绝，信奉自然崇拜、灵魂观念为基本内容的原始宗教，唱跳无伴奏“阿尺目刮”，却创制有本民族自然历，同时拥有三种文字，而且每年，一派天真地以山间野樱花的开放时间来决定过新年的日子。

◆ 同乐村阔时节

生活在怒江大峡谷的傈僳族尤其如此。他们的新年——“阔时节”，一般在公历12月下旬，具体日期按自然物候确定，一年和一年不一样，村与村不一样。节日期间除了在家祭祀祖先，相互祝贺，或在村子里射弩、跳舞、对歌外，还要带上行李和食物，到远离村寨的温泉“春浴”，俗称“澡堂会”。我从来没有见过这样的场面，男女老少，统统除去衣物，共同下到温泉水中洗浴，洗去一整年的尘垢，迎接新的一年到来。透过摄影师拍摄的照片，那场景是天地有我、与万物无异的自然喜悦，又是天地无我、共万物生息的无惧无碍。

怒江大峡谷，哪怕对土生土长的云南人而言，也是一个迷梦。这个梦代表了内心对天堂一样的“香格里拉”的渴望，同时也表征了如同“我的征途是星辰大海”一般遥不可及的慨叹。怒江不是随便就走的。

——尽管，怒江的春天是花的海洋。从年后2月底到整个3月，樱花、杜鹃花、油菜花和各种各样的野花全部开放，漫山遍野，毫无保留，映衬在白雪皑皑的山顶之下，有着童话世界般的迷幻和不真实感。江水在这个季节是绿色的，正所谓：“春来江水绿如蓝”，相对应的是两岸火红奔放的木棉花，挺立枝头，尽情舒展，躲藏了一整个冬天的压抑一扫而空：“我要这天，再遮不住我眼；要这地，再埋不了我心”。

——尽管，怒江的四季美不胜收。春天里油菜花金灿灿满田野，其他山花则万紫千红，春天的气息挡也挡不住地流泻；入夏5月开始插秧，头顶是一碧如洗朵朵白云点缀的蓝天，脚下是大江奔涌，江边和山上是麦苗青青，大山也高兴得

◆ 温泉氤氲

◆ 怒江春浴

◆ 怒江风光

一片青色，生机盎然；10月收割季，高黎贡山两边一片金黄，比之春天油菜花的那种嫩黄，更多了沉甸甸饱满的意味，这个时候是最佳拍摄季，各种色彩最为丰富，仿若上帝打翻了调色板；阔时节前后则雪山连绵，水瘦山寒，一片肃杀。全国最后一个尚处于原始社会状态的少数民族独龙族，曾经在这里过着半年通路半年封山的日子。自从国家扶贫攻坚战略实施，不计成本、耗资巨大打通独龙江隧道，这个拥有4000多居民的独龙山乡，才从此告别与世隔绝的生活状态，与其他兄弟民族一起踏上奔小康的康庄大道。

◆ 三江并流腹地·天池

——尽管，怒江是极度神秘的“三江并流腹地”。2003年7月，三江并流自然景观进入世界自然遗产名录，这一景观“包括八大片区，面积达到170万公顷，金沙江、澜沧江、怒江三条大江在云南境内自北向南并行奔流170多公里，穿越担当力卡山、高黎贡山、怒山和云岭等崇山峻岭间”，形成世所罕见的“江水并流而不交汇”的奇特地貌景观。其中澜沧江与金沙江最短直线距离仅66公里，澜沧江与怒江最短直线距离还不到19公里。这里是全中国生物多样性、温带生物多样性最丰富的区域。三江并流地区，山高谷深、大河奔流、沟壑纵横，高海拔的雪峰稳稳地隐在云雾之中，雪山和雪山之间被深邃的大峡谷所切削，数千米高差令气候和植被都呈现垂直分布，一天之内便阅尽春夏秋冬，是真正的“一山分四季，十里不同天”；走过多个民族领域，各种文化耀人眼目。“这是一片巨山大江纵向密集的独特区域，三条大江之间为云岭山脉和怒山山脉分隔，又为高黎贡山等大山所挟持，拥有得天独厚的地质地貌和丰富的动植物资源，于是成为保护世界文化和自然遗产公约的天然摹本。”

◆ 三江并流示意图

来这里，很艰难；离开这里，更艰难。路途迢迢，艰险异常，几乎是用命在博出路。然而徒步独龙江的壮美，品味怒江峡谷丙中洛的田园生活，聆听澜沧江畔茨中教堂的辽远钟声，体会雨崩村的神秘安宁，目睹金沙江虎跳峡的石破天惊，感受香格里拉草原的姹紫嫣红……为了这些，艰难而来；又为了这些，难以离开。

正月中，天一生水。春始属木，然生木者必水也，故立春后继之雨水。且东风既解冻，则散而为雨矣。

雨水节气的到来，宣告着暖意的渗透，山上的雪，慢慢开始化了。叶枝镇的同乐大村，圆木或方木两头凿榫以井干式层层垒砌、屋顶用木板覆盖以石头压住的木楞房，不用一颗钉子，房前屋后也绿树成荫，人完全生存在自然生态之中，雨水一来，仿佛一切都会发出新芽一样。

木楞垛房造方便，冬暖夏凉可煨茶；
楼房宽敞又明亮，人居收粮样样都方便。
上楼八尺下八八，家庭兴旺发又发；
中堂较宽左右六，家庭和睦事事顺又顺。
木楞杆子往上垛，上下两层成楼房；
左右两房设中堂，火塘煨茶客厅两样全。
木楞杆子一边顺，根脚树头不能倒；
大料作底小在上，稍成外形八字美又牢。

屋外是淅淅沥沥的小雨，虽说回暖，也仍旧是冷的。进屋，进屋，坐火塘边，主人家早已煮上盐巴茶，烤着火烧肉。没有筷子，双手就是。就着手抓饭来吃，香甜无比。

◆ 傈僳族家庭的火塘

◆ 同乐大村村景

维西傈僳族自治县是云南省迪庆藏族自治州的下辖县之一，县境在云南西北部。早自东汉和唐以来，这里就是滇西北疆防要塞，也是通往印、缅的驿运孔道，又是古代滇西北“茶马互市”的汇集点。这样联系着，仿佛听见马帮铃响，呼呼嚷嚷就进来了马锅头。一碗浓浓的盐巴茶、一口嫩香的火烧肉，这一路的艰辛终于有了喘息的机会。

傈僳族经历过波澜壮阔的迁徙史，最终散落于三江并流的群山峡谷间，无论男性还是女性，都有着大山一样坚定勇敢的性格，群山大川也为这个崇拜山的民族提供了生息空间。

◆ 上刀山

除去冬季紧随阔时节后的春浴，每年农历二月初八（雨水与惊蛰相交时节），腾冲县城往北70多公里的古永区轮马村一年一度的傈僳族传统节日——刀杆节拉开帷幕。早春三月，高黎贡山上的杜鹃花已铺满山坡，傈僳族竖起刀杆梯，点燃篝火塘，将骠勇汉子围在唱跳的圈子中间，群情激越地看他们赤脚“上刀山下火海”，以纪念明代带兵御敌、让傈僳族安居乐业却被奸臣害死的兵部尚书王骥，同时，在这个日子操练武功，以誓不忘保家卫国的古训。

另一种“现代武功”——自行车越野在距昆明114公里的马龙上演（请自行脑补“马卡龙”的童鞋把“卡”字去掉——战争，让饼干走开！当年红军长征转战云南，马龙的确是其中重要的一个站点）。

◆ 马龙山地自行车赛

2017年全国山地自行车冠军越野赛马龙站在云南春季的雨水节气中正式开赛。这个代表着全国山地自行车最高水平的赛事为何选择了滇东并不知名的马龙举办？我也很好奇。

从地图上看，马龙位居昆明和曲靖之间，驱车从昆明出发，一个半小时即到，它离曲靖也只有24公里。热爱运动的朋友告诉我，地处滇东地区的马龙生态环境绝佳，有着“森林马龙”的称号，海拔适中、温度适宜，有利于运动员发挥出最佳成绩，一向被视为运动员福地，已多次成功举办各大体育赛事。

开赛这天，漫山大雾，天地昏黄，草叶上凝着细密的冰珠。我把自己裹在厚厚的羽绒服里仍忍不住瑟瑟发抖，感觉有很细的雨点拍在脸上。视线并不好，大大增加了骑行难度，但100多名自行车手个个看起来兴奋不已、信心满满，似乎意外而来的大雾反倒激起了他们更加高昂的斗志。在一片呐喊声中，身着各色战衣、身形矫健的自行车手们争先恐后地飞驰在红土与灰白大雾形成的背景之中，穿行、躲闪、腾越，看得人心跳加速，仿佛寒意也有所减轻。

山，是造成云南气候多样、多变的主要因素。本该回温转暖的春天，会因一场大雾、一场雨而瞬间退回冬的帷幕中。

举办赛事的地点叫诸葛南山，位于马龙县境中部，因地处诸葛亮南征时驻兵的诸葛山南面而得名。由30余座形态各异的山峰连绵而成，山体长18公里，呈东北—西南走向，状若苍龙伏地，特别适合山地自行车赛。太阳出来后，大雾撤兵，天空一片湛蓝。站在海拔2200米的诸葛南山上，成片深绿、浅绿、嫩黄的树海浪般涌到眼底，巨

◆ 马龙·诸葛南山

大的银白色风力发电装置均匀散落其中，纯白的云雾也忍不住缠绕其间，使这片土地宛如仙境，壮美异常。使劲吸气，有树和草以及泥土的芳香。我们一行人行走在1000多亩连片的低矮高山植被丛中，它们以伏地松和杜鹃为主，相杂相生，生物多样性十分突出，一片野趣。这些植被沿着山坡延绵铺陈，杜鹃花品种繁多而且集中，怒放得整个山头都是，将一片花海从春季奔涌至夏末。赛事之外，甚少游客知道这里，人迹罕至成就了诸葛南山“世外绿野”和“天然氧吧”的盛名。从此后，我爱带家人来这里呼吸新鲜空气，观景赏花，让3岁的儿子满山坡疯跑撒欢。

除诸葛南山外，马龙比较著名的山还有香炉山，在县城西40公里的马鞍山北面，属“马龙古八景”之一，仿佛天上神仙所置的巨大盆景遗落到了人间，是一个集自然景观、科考探险和历史文化为一体的风景名胜。

◆ 香炉山

另外在昆曲高速旧县出口处18公里的马鸣乡境内还有万亩草场可任你策马奔驰。

与香炉山、万亩草场在同一条旅游线上的野花沟，距昆曲高速旧县出口处20多公里，有着典型的原始河谷风貌，由24条山谷组成，全长30多公里。如果你敢，可以顺河谷而下，一路“穿箐沟、攀密藤、踏草丛，蹚水过河”，仿佛现代

◆ 野花沟

徐霞客一般在山间崎岖小路上伴着各色野花行进。运气好的话，可以采摘美名在外的“崴苹果”，这种其貌不扬却味道超赞的果子，每年9月上市都会遭到哄抢。

云南的四季，脱也脱不开干系，讲着这个，不提防就岔到那个。

夏天雨水过后放晴的山野松树下，野生菌噌噌冒头，虽然不像传言说走路都踢倒一片，但的确可以挽个篮子一路拣拾过去，青头菌、松茸、黄癞头、巨毒又巨美味的见手青；运气好的话，挖到干巴菌和鸡纵的时候也是有的。懂行的人收获满满，外行望而却步。云南的山珍野生菌全国闻名，云南野生菌毒力之霸道也国人皆知。每年菌子上市的季节，都有中毒者，甚至听说有全家、全村皆中的事例。没有领会过野生菌鲜美的人永远无法明白这种“明知山有虎，偏向虎山行”的大无畏气魄。

◆ 竹荪

不过，吃货们大可不必心痒胆寒，敬请前往县城西部的马过河镇，这里汇集了天南地北的餐饮，形成了独具特色的马过河风味：“麻辣鲜嫩相宜，色香味俱佳”，自然也少不了野生菌。云南店家对炮制

◆ 松茸

野生菌有着天生的驾轻就熟气质，绝对保证你美味入口、安全到心。

不知道是不是因为马过河天然生态的环境和相对避世的位置，据传足足有29个省份的人来到这里定居安家。他们有的是马帮商人，有的是为了躲避战乱的难民，还有的是修筑铁路的苦工。来来往往的人多了，就在如同原始森林的高山峡谷间形成一个小集市，也形成了五湖四海群居的特色聚落。得益于交通的便利，马过河素有“小码头”之称，一度成为“生态旅游、特色餐饮”的代名词。后来昆曲高速公路全线通车，铁路又改了道，马过河一夜间从熙熙攘攘的状态骤然静默，岁月归于沉寂。近几年来，镇政府一方面倡导保护野生动物，另一方面大力发展人工养殖业，保证了野味原料的供给，重新将“马过河风味”的招牌树立在世人面前。来到马过河，你可以在饱餐美食之后，划船、漂流、垂钓、登山，或者什么也不干，任由自己漂行在水面，“舟行碧波上，人在画中游”，领略“小三峡”的魅力，穿行“三桥变迁”的历史。

说到历史，马龙作为红军长征转战云南的途经县大家都知道，但你有没有听过“三线厂”的故事？

1964年起，我国中西部三线地区进行大规模军工企业“三线厂”建设。1964至1980年，贯穿3个五年计划的16年中，国家在属于三线地区的13个省和自治区的中西部投入了2052.68亿元巨资，号召400万工人、干部、知识分子、解放军官兵和成千上万的民工，“备战备荒为人民”，“好人好马上三线”，打起背包，跋山涉水，来到祖国大西南、大西北的深山峡谷、大漠荒野，风餐露宿、肩扛人挑，用艰辛、血汗和生命，建起了1100多个大中型工矿企业、科研单位和大专院校，称为“三线厂”。

马龙深山里就有这样一个三线厂——云水机械。当年，这座聚集了数千人的大厂高度机密地深藏于山谷之中，是连当地人都知之甚少的禁区，它所制造的产品——鱼雷部件，更是山里人无法想象的东西。

◆ 云水厂一角

直到20世纪90年代从山谷中迁出，有关云水厂的细节，外人知道的少之又少。它像当年所有国有大企业一样，有电影院（也放露天电影）、学校、银行等等，如同一座封闭的城堡，除去日用采购，根本无需与当地发生任何联系。遍布厂区的有线大喇叭早上六点半吹响起床号，各家各户随着这号声顿时苏醒嘈杂，在中央人民广播电台新闻节目的播放中，穿衣、洗漱、吃早饭，大人忙忙碌碌，小孩子免不了挨训挨打，然后壮观的自行车队伍开始奔向车间和学校，孩子们一路追追打打，满空气天南海北的语言和笑声……

身处其中的你看着、笑着，忍不住一伸手——

时光戛然而止。眼前只有残破的建筑物，斑驳的砖墙、摇晃的破窗，一任岁月侵蚀，这些七八十年代风格的建筑掩隐在荒草绿树间，仿佛发生了太多、太久，又好像，什么都不曾发生过。

郁郁葱葱绿树成荫魂牵
朦朦胧胧月色似水如箭
滴滴答答岁月流金静看
浓浓愁愁思绪似归雁
昨天傍晚一声再见明天
茫茫人海一生思念永远
寥寥数笔一个片段瞬间
洋洋洒洒一篇人间

天色已暗 隔窗相看
眼泪已是婆娑难掩
临行的杯酒君莫劝
生命的落款此心已签
等待没有硝烟重逢那一天
等待多瑙河畔的相见
等待没有悬念纷扰和偏见
等待有你与我并肩

◆ 厂房·树·阳光

如今的云水厂，就像宫崎峻的天空之城，完全被植物占领。这些参天大树，默默守护，又静静地用浓荫把这里曾有过的一切掩埋。它们不是本地树种，身上带着时代特色的烙印，从四面八方被带到这里，在多年的异地生活中“却认他乡是故乡”，高大健硕、悠然自在，站立成平静坚守的姿态。

千万别再说你已经昆明—大理—丽江几日游了，别再说你已经来过云南、认识云南了。这片神奇的土地，藏了太多太多你所尚未到达。单说每到一县，去逛一逛当地的早间农贸市场都会是一项新奇的体验。一地有一地的物产，一地有一地的特色，在农贸市场里，你可以接触到最原汁原味的云南日子，各种北方难见的新鲜蔬菜、野菜、水果，匪夷所思的食用虫类，当药茶泡水喝的怪草，各种门类的饵饫、粑粑……逛累了，小吃摊边坐下，几块钱一碗的早点，包管你吃出惊喜，吃得满足，走了还存着念想。这才是云南。

雨水节气里有个重要的日子是“二月二”。

二月二，龙抬头
风雨顺，又丰收
大仓满，小囤流
好年景，春开头

◆ 折耳根

农历二月初二，传说中“龙抬头”的日子。城里人在这天做得最多的一件事恐怕就是剪头，其实更应该走到野外去，走到田间地头，去感受春的到来。对于农家，北方称“二月二”为“春龙节”，南方则叫“踏青节”，都是万物始发、春意萌生的好时节。这个时节青龙七星开始出现在东方，是谓“龙抬头”，而万物此时开始真正苏醒，春天真的来了。

◆ 蕨菜

◆ 刺苞菜（树头菜）

◆ 香椿

◆ 树胡子

◆ 苤菜根

二月二古时也称“挑菜节”。我很想当然地把它理解为“吃野菜的时候到了”。云南得益于地域和气候优势，蔬菜品种繁多，野菜尤多。在北方，开春之后，稻田里青黄不接，大地准备了丰厚的野菜以飨黎民，在云南，尤其如此。雨水一来，各种新鲜野菜就上桌了。这些野菜，绿色生态，要么焯水后用丰富的佐料凉拌，要么与当地冬季腌制好的腊肉同炒，就算只是放一点蒜泥素炒，都香得让你吃了一筷子又动第二筷子，不觉间一盘扫光，大喊：“老板！再来一盘！”有些野菜往往略带苦味，正是自身清凉解毒成分的口感反应。山里人家，平日里不常吃药用药，有一点点不舒服，都靠野菜加以调整，或用某种具有药用价值的野生植物当药。这在城里人看来很不靠谱，但乡野的日子就是这样紧密贴近大自然展开着，在天地共生的底色里，人类并不作为一种了不得的存在而存在，却是与世间万物一同作为大自然的儿女而生息着。乡村甘甜的粗茶淡饭、自产自食的新鲜蔬果，越来越证明着城里人背离健康方向的渐行渐远，唯有回归，才重新在这种天地共生里寻找到生命的意义和生存的乐趣。

这个季节我的最爱还不是野菜，是花。云南各地、各民族素有吃花的传统。各种花开得漫山遍野，除了大饱眼福，那香甜的滋味是不是也忍不住要用嘴尝一尝呢？别说你不想吃。

无量山里的黑冠长臂猿，这个时节，经常被拍到采食花瓣、花蜜的画面。金大侠笔下的神仙姐姐，在这样美丽的时节，是不是也会徘徊花丛簪花饮蜜呢？无量山，古称蒙乐山，位于云南省普洱市景东县西部，以“高耸入云不可跻，面大不可丈量”之意得名。清代诗人戴家政咏：

高莫高于无量山，古柘南郡一雄关。
分得点苍绵亘势，周百余里皆层峦。
嵯峨权奇发光泽，耸立云霄不可攀。

◆ 无量山长臂猿

无量山属横断山脉云岭余脉，为点苍山向南延伸的一个分支，西北起于大理南涧，西南向延伸至景东、镇沅、景谷等地，北而南绵亘景东县境89公里。由于与哀牢

◆ 雨季的无量山

◆ 马缨花

山同处横断山系和云南高原两大地理区域接合部，气候区划处于中亚热带与南亚热带过渡地带，自然环境条件复杂多样，植物种类繁杂，一伺春临，杜鹃花（马缨花）、山茶花、蜜糖花等上百种花竞相绽放山间，花瓣、嫩芽、嫩叶成为山中动物美食。树形高大、花朵艳硕的马缨花尤其受黑冠长臂猿青睐。它们单臂悬挂树间，腾出一手摘花，一朵接一朵往嘴里送。那情景羡煞旁人，巴不得也攀上树去开启花朵大餐。

相比炒得难分形状的小花，我更爱南瓜花。田间地头常见，花形硕大，浓烈的明黄色在翠绿的藤蔓间又协调好看又分外抢眼。这花原就这么开放在田间、凋谢在地头，不知哪家媳妇儿突发奇想摘了来洗净，整朵裹上蛋液调制的面糊，清油里一滚，花形基本不变，只是那黄色更添了金灿灿的味道，装盘上桌，艺术品一样又开放一次。丢了筷子吧，直接下手去盘里“摘”，像黑冠长臂猿一样，一朵接一朵往嘴里送。香脆的蛋面糊、绵软甜糯的花，语言没用，与黑冠长臂猿相视而笑，谁吃谁知道！春天的美，花的美，谁说只在眼里?

惊蛰时分

在城里人越来越依赖光电过活，离开电视、手机、电脑就无所适从的年代，住在乡间是一种特别的体验。清晨正睡得五迷三道间，那个叫作鸡的闹钟无比响亮地用喉咙撕裂黑暗，一把扯开你的被窝，把你从不管什么梦中拎回现实。勉强睁眼才发现屋外已腾起炊烟。

◆ 插秧

微雨众卉新，一雷惊蛰始。
田家几日闲，耕种从此起。

农家的日子真的是日出而作日落而息，一切都按照自然的时序运行。晚饭后，看电视的是少数，多半都拖儿带女串门子，或在田头、山间散步，看落日映霞，听倦鸟归巢。《月令七十二候集解》里说:“二月节……万物出乎震，震为雷，故曰惊蛰，是蛰虫惊而出走矣。”惊蛰时节，只有农家还会认真地手持点燃的艾草熏家中四个角落，以驱蛇鼠，避蚊虫，用艾草香带走屋里积年的霉味，正式开始一场新生活的架式。又有“桃始华”的说法，但在云南，这句话是不适用的，因为桃花早在立春就绽放了花蕾，倒是

◆ 金平蝴蝶谷

"蛰虫惊而出走"很贴切。儿子在草地上玩，被一只从草丛间突然飞出的小蝴蝶吓得魂飞魄散，从此一见蝴蝶就大叫一声"小乌龟"，迅速躲到大人身后。这莫名的对应关系令人莞尔，却也道出了城里人的生活日渐远离大自然的无情事实。

我被蝴蝶"吓到"是很多年前，在石林县大叠水瀑布采访。我们沿着山岩上凿出的石阶向下——石阶很湿，长满青苔——几乎要手脚并用。终于下到谷中平地，顺着水声望去，一挂瀑布挂在眼前，像自家窗帘那么近，触手可及，轻柔的水雾笼罩着整个山谷，隐隐有彩虹装饰在一边，四周开满了各色的花，花瓣迎风摆动……天！我惊叫一声：是蝴蝶！对，根本没有花，全是蝴蝶，各色各样，密密匝匝，"触须连缀腿足钩牵，自树梢倒悬而下，直垂挂到水面上"。我惊得半天没合拢嘴，眼睛片刻都无法离开这些精灵——怎么会？！怎么会这么多？！怎么会这么美？！如此神奇甜蜜的惊吓，在记忆里留了很多年，每次翻出来，还能看见彩虹伴着白练，周围铺满蝴蝶，宛如仙境，鲜活如昨。远方的人都慕世界自然遗产石林之名而来，殊不知，就在石林近边，还有这样惊艳一生的景致。

同样的景致在金平也可以看到，规模更大，被称为"蝴蝶会"。

开车向南，一路走到红河州边境，在金平县分水岭国家级自然保护区的深处，茂密原始森林覆盖的山峦围拥着一块相对平整的台地，70多户哈尼族

◆ 金平标水岩村

世居的小村标水岩就坐落在这里。从台地的南面缺口望出去，是越南的山；村后山坡上130多米高的大瀑布斜躺着冲开密林奔泻而下，为村前层层而下的梯田提供着源源不断的水补给。村落是明黄色的哈尼“蘑菇房”，依地势而上，错落有致，房前屋后绕满芭蕉。在这样一个有如童话世界的地方，万千蝴蝶漫天飞舞是怎样的景象，语言会显得无力表述。“蝴蝶会”一般在春末夏初，来得太早或是太迟，都是错过。

我总是好奇瀑布、蝴蝶和哈尼族之间的关系，也许将稻作文化发挥到极致的哈尼族总会选择接近瀑布的地点定居，再顺坡势而下开垦梯田，充分利用自然水利和阳光促进水稻的生长，不浪费一点资源。千百年来自然而然的生存方式，形成了良好的生态环境，让蝴蝶们锁定了每年的聚会地点，也打造了世界级文化遗产——哈尼梯田。后来，在看到报道关于红河哈尼梯田2013年6月申报世界文化遗产获得通过的相关文章后才真正把这个知识给普及清楚了。“红河哈尼梯田结构是‘江河水系——森林——村寨——梯田四度同构的人与自然高度融合的良性循环的农业生态系统’（申遗核心理论）。江河之水在干热河谷蒸发升空，在冷凉高山凝聚为雨水后下降、贮存于原始森林中，形成溪泉瀑布，哈尼人来到之前，山水沿沟沟箐箐又流入江河，形成原始的二度循环。哈尼人来到后，在森林之下挖掘大沟截流山水，并建造村寨，在寨子下方挖筑梯田，引沟水入田灌溉，水沿层层梯田下注，又流入江河，再蒸发升空为云雾雨水，梯田之水也同时蒸发，形成了以水流为经线向度的‘四度同构’的人与自然高度融合的生态农业系统。这样，经过上千年的艰辛劳作，原来并不适合人类居住的哀牢山就变成了层层梯田直上云端的美妙家园。为了维系‘四度同构’的生态系统，哈尼人想象出了一系列神灵并发明了相应的祭典礼仪，依随梯田耕作的节候变化，从春耕栽插到秋收冬藏，一年四季有完整的梯田祭和山林祭，保证了自然生态的完整。红河哈尼梯田文化景观所体现的森林、水系、梯田、村寨四素同构系统符合世界遗产标

◆ 梯田簇拥中的村庄

准，完美反映的精密复杂的农业、林业和水分配系统，通过长期以来形成的独特社会经济宗教体系得以加强，彰显了人与环境互动的一种重要模式。展现了人与自然、人与神、人与人之间的高度协调与融合。”

“山有多高，水有多高，田就有多高。”只有当你身临此境，才能深刻体会这句话中所蕴含的气魄。在直插云天的高山上雕塑出史诗意味的梯田画卷，想象力固然惊人，执行力更是令人叹为观止。这个曾经的西北草原游牧民族，怀着对远古草原“诺玛阿美”的记忆与念想，硬生生将大山改造成了绵延广阔的田野，所谓雕刻时光，也是这样的气韵吧。惊蛰节气中的梯田在我看来是最美的。一层层田浸满水，倒映天光山色，随一天光线变化万千。田埂线清晰如描画，就山势曲折、蜿蜒，有一种舞蹈的韵律感在跳跃。莽莽群山呈现如此温柔的线条美，不知耗费多少人力，念及此，又觉眼前优美的线条下深藏的是刻画的力度，是哈尼族顺应天时、依托地势深耕大地的刚

◆ 光映梯田

性意念在阳光下闪光。再晚一些，插下的秧苗绿绒绒地覆满梯田，又是另一种春意无限。应季而作、应季而收的农事规律，无形中在云南的天地间打造出非凡的壮丽。

这种力量最终在红河南岸哀牢山南段哈尼族地区的元阳等县份，形成了全国最集中、最发达的梯田稻作文化群落，但在玉溪市元江县羊街乡境内元那公路沿线的尼果上寨，据说有着红河流域最早的哈尼梯田，你不想看看？哈尼史诗有记，族群的迁徙路线是顺着红河河谷由北向南而行，因此推测元江县的哈尼梯田出现时间要早于元阳梯田。

◆ 尼果上寨

◆ 棕扇舞

尼果上寨海拔1700米，终年为云海所笼罩缠绕，站在山顶放眼，山峦起伏间是自然伟力的运作，而层层回转错落的梯田令人感叹哈尼族人的智慧和毅力。自然伟力与人的伟力在这样一片天地呈现、碰撞、映衬，倒真符合“江山如此多娇，引无数英雄竞折腰”的词句。

尼果上寨保持着悠久的哈尼族民族民间文化传统，国家级非物质文化遗产“棕扇舞”是这里的一大特色。这种舞与哈尼族游牧迁徙的历史和梯田稻作农耕文化息息相关，是长期流传下来的丧葬祭祀舞。

跨境而居的哈尼族也是云南省特有少数民族，其传统节日名目繁多，最热闹隆重的要数“扎勒特”（十月年），是哈尼族的年节。你冬天时再来凑热闹，这时节族人跳起的棕扇舞可是无比欢快的，更偏重于祭祀祈福。

全国55个少数民族在云南均有分布，其中25个为云南世居少数民族，由此，云南民俗之丰富、精彩，在世界范围内都是首屈一指的。我看过最有意思、现在已很难看到原始版本的民俗当属双柏县大麦地镇峨足村的“小豹子笙”，彝语中“笙”为“舞”意，小豹子笙也就是小豹子舞。由12名十二三岁的男孩子赤裸全身，在身上画满各种图案符号及豹纹，棕叶做成插翎羽的豹头形遮住脸，手持棍棒变换舞步。在这期间绝不说话而全然由不同的锣鼓声指挥行动“下山”，在彝家相互勾连的土掌房顶部平台上跳舞，并渐渐舞进各家各户和庄稼地里去撵鬼祛病除害，祈求家家户户平安吉祥、人畜兴旺。小豹子笙与老虎笙、大锣笙并称彝族“三笙”，现今已“舞出大山，舞遍大江南北，甚至远渡重洋到了日本和法国，被国际学者称为傩戏、傩文化的珍存和中国彝族虎文化的活化石”。20世纪40年代前，跳豹子笙的都是中年男子，后来才慢慢演化为小男孩儿跳，更活泼，更本真，更无碍。小豹子笙一般在每年农历六月二十四、二十五日跳响，如今在春季的双柏文化节上也可以看到，只是小男孩儿们不再赤裸全身而穿豹子衣代替。

云南少数民族种类多、人数多，走的地方一多，给人一种眼花缭乱的错觉，其实每个少数民族生活、文化习俗、节庆的表现形式不同，其内核却惊人地一致，都反映

◆ 双柏小豹子笙

了一个民族在一定的历史时期内与严酷的自然做斗争又慢慢顺应自然而形成独具特色的生存方式、文化传统的过程。在这一过程中，是整个族群的同心合力、共向认知、口传心授，也是整个族群与其他族群的和睦相处、相互影响甚至交融。

这种交融的极致你去看“骑在云端的古城——迤萨”。

迤萨是红河哈尼族彝族自治州红河县县址所在。驱车一路盘山直达山顶，迤萨就在眼前，傲骄地端坐山顶。不仅位置特立独行，城内建筑也让人大跌眼镜，如同把中式老宅的照片与法式建筑的照片各裁一半拼接在一起，你误以为两个时空交叠穿越了，它又明明摆在面前，任你抚摸验证。

也许，云南的古村落最能证明“存在即合理”这句话。红河州有着整个云南最适合自驾全家游的旅游路线，路况好，风景美，气候稳定，地方富庶，偏偏红河县境内山地占到96%，各种沟壑纵横，难寻平地。向上，向上，如同开垦梯田一般不畏高山，直达顶端去寻找平稳、踏实、易守难攻的所在——进入哀牢山腹地，穿行茫茫云海雾谷，沿红河谷向下再向下，翻山又翻山，终于到了红河古渡，突兀的，它就在那

◆ 红河县城

里，那么高，那么毫无联系，孤绝不可一世——我好像循着建城者的目光在看，内心各种盘算：高一点吗？越出红河谷地也许会更凉爽，可也容易被发现；要不低一点？离水近，生产生活方便，又太容易受到攻击。只能这样不高不低，管他干热还是缺水，这里安全。当然，还有更重要的原因——迤萨北郊发现了铜矿。必须建一个至高点，守住这财富的“泉眼”！那是乾隆年间，铜矿像吸铁石一样把江内（红河以北称江内，以南称江外）石屏、建水等地汉族纷纷“吸到”当地，造成了人口激增，推动商旅繁盛一时。“往来于江内汉地与江外土司辖地的物资在迤萨成交、集散。咸丰年间，再由此发散到周边地区”，迤萨成为江内与西南诸夷沟通联系的必经之地、古驿道上的重要驿站，以“江外名城 ”而声名鹊起。可以想象，那时候的迤萨灯火通明，人声鼎沸，商铺、客栈、酒家踩着矿业噌噌而上，伸手就可以摸到天了。

本该脚踏实地，奈何这实地越挖越来钱，挖空的一瞬间，跌落是必然的命运。道光末年，铜矿停产，那些伸手及天的繁荣一夜之间关门闭户。人是逼出来的，生活无着之下，总还要想办法养家糊口。迤萨的老者在石坎上磕磕旱烟锅，重新填上焦黄的烟丝，咂巴几口，告诉你，还有哪样办法，跑马帮去！

赶马哥哎赶马哥，赶马阿哥苦难多
吃的野菜锣锅饭，睡的荒山草皮坡
衣裳穿成莲花片，裤子穿成吊吊线
为儿为女去奔波，背井离乡走外国
跋山涉水路坎坷，一趟烟帮半年多
……

◆ 迤萨古城·姚氏宅院外墙

马帮铃声，从清末响到解放初；再难分清什么族，什么族都要吃饭，他们全成了“迤萨人”，将赶马帮的历史书写了近一个世纪。越南、老挝等东南亚国家离得最近，那些山区中的少数民族缺乏生产生活用品，马帮就驮了土布、盐、铁制工具去贩卖，同

◆ 迤萨古城的建筑

时拉回鹿茸、熊胆等珍稀山货向内地兜售。等到东南亚国家大都成了英法殖民地，中国自己也被打倒在半殖民地半封建深渊中挣扎痛苦，大烟和洋货倒撑满了迤萨马帮的货篓……隔了历史无情的落笔去回望，本该责备，然而真正站在这山巅之上，身后是青瓦飞檐、雕梁画栋与十字架和欧式浮雕拼接在一起的建筑群，眼前是被层层梯田刻画出温情面貌的哀牢群山，你无从责备，只剩唏嘘。在那样的时代背景下，迤萨人的选择无可厚非，他们的求生之举证明了走出去的可行，他们对自己家园的经营从另一个角度讲述了交流与融合的可贵。这座马帮驮回来的城镇，见证了迤萨人“下坝子，走马帮”的历史，也见证了较早由着生存本能开辟东南亚国家商贸通道的民间壮举。

就在春天里吧，你来看看这座骑在云端的古城。梯田里蓄了水，哀牢山没有那么苍莽；空气湿度还大，不至于热到喘不上气。穿到老宅集中的东门，看姚、钱两家门房、马房、庭院、正房、别院、厢房、水牢一应俱全的豪奢宅院。头顶明清四合院的木梁飞檐，脚踏法国水泥砌就的观景阳台，是不是还可以闻到咖啡的焦香，听见留声机传出的乐曲？姚氏整个宅院与东城门连为一体，雄踞山头，占地面积最广，又以数米高的青石砌筑围墙护院，整个建筑毫无居家的味道，却像极了战斗中的堡垒。护墙上的弹孔，更佐证了这种观感。

人心至伟，峥嵘岁月的尖刀刺穿肉体，流出鲜血却流不走梦想；人力微茫，苍苍

◆ 巍山古城全景

大地的费心堆叠砌筑，挡得了枪炮却挡不住芽发花绽的春的脚步。

虽说惊蛰节气宜多散步忌久坐，我们也走得够远了，且半天不谈美食，对于一枚资深吃货而言简直等同于变节。

有人说巍山是云南小吃最丰富的县城，我并不认同这个观点，云南绝大多数事物的特点是没有“最”，只有“更”，但这并不妨碍我带你去尝尝巍山。

巍山古城的主体就是一条街，从南门到北面的群力门全长2公里，以拱辰楼和星拱楼为中轴线标志的这条古街道代表了巍山。街两边都是木质老房子，高不过两层，一层几乎全为撑着白布凉棚的小铺，门前挂着鸟笼，经营着各式各样的老营生。每天清晨，鸟的鸣叫和门板陆续开启的声音会唤醒这座明代古城。我要带你进的是炽肉

◆ 巍山小吃节

◆ 巍山饵丝

饵丝店。小方桌、小板凳，你坐。老板，两碗炖肉饵丝！你别这表情，看着是像阳春面一样简单，没闻见香么？你以为这是哪儿都能吃得到的饵丝？！还小碗，加成大碗怕也未必够。十几年前就到过巍山，吃过印象最深的小吃就是这炖肉饵丝。汤鲜甜清爽，肉炖糯喷香，饵丝不粗不硬不烂，细如手擀面，又比面有弹性却不粘牙，吸收了汤汁后，有一种饱满的香甜口感。我这个对饵丝从没好感的人也要甩个大碗！炖肉饵丝听起来浓郁厚腻，其实最符合惊蛰宜食清淡的原则，纯靠汤水和饵丝的本味，无须添加任何调料。

你肯定看了不少介绍，说巍山滇味小吃丰富美味。有一根面、过江饵丝、清真面片、牛干巴、蜜饯果脯、咸菜、荞荞糕、青豆小糕……你自己尝了再说，食物就像恋人，别人说好没用，你得自己喜欢。

巍山彝族回族自治县在云南的版图里是特别低调的一个。这里是南诏故都和发祥地，存留南诏都城遗址龙于图城；明代古城保存完好，建筑精致的古村落仍在村民的日常生活中呼吸；是中国土司制度存在时间最长的地区之一；有我国四大道教名山之一、道教圣地、国家AAAA级风景区巍宝山；还有历史文化名村、典型回族村落东莲花村古建筑群，以及，红河源头。一千多年了，巍山就这样默默地存在于云南的版图中，不张扬，不喧闹，不急功近利，任何时候你来，就是这条古街和那碗炖肉饵丝，仿佛也从未专门等谁，谁来了，都在。

2017年3月，一向宁静的巍山城终于热闹了一回，南诏王宴首次亮相巍山小吃节，每一款特色美食都与南诏王室的神奇传说相配。又设南诏养生宴，则是用道教的养生理论与传统巍山素食相结合而成。小吃节期间，南诏古街铺满木方桌，桌桌连贯勾通，摆满各式菜肴。宴会开始前由彝族毕摩主持神秘的祭食神仪式，开宴之后，吃客们可以边吃边欣赏民族歌舞表演。这种兴奋狂欢状态下的巍山令人有些陌生，却也让我想起徐霞客在《滇游日记八》中记大理三月街。

云南的古城、古镇、古村落乃至古桥，都曾因处某个历史的节点而繁盛一时。时间在这里和生活把酒言欢，车水马龙，人来人往，夜晚也被这人间烟火灼得如同白昼……然而历史的车轮又是如此任性，一个改道，一个掉头，一个转身，这些古城、古镇、古村落乃至古桥便从此荒烟蔓草。有情是人，无情更是人，那么些前尘过往，只拣重大的刻写史册，而每一日的欢聚离散，弃于身后不顾。对于生存，可能真的没什么影响。巍山古城是否深谙此道，所以坦然面对轰然而起的繁华，也平静接受历史改道后的孤寂。

◆ 巍山街景

在巍山，“南诏王室最后一个彝族部落琢木郎村，至今仍保留着南诏国时期浓厚的彝族原生态文化，积淀着厚重的南诏国农耕文明”。

在巍山，1000多年历史的民族民间古乐仍在奏响，数十种乐器融吹打弹拉唱诵为一体；迄今为止中国大地上唯一还能发出声音的古瑟——巍山古瑟仍在长鸣；中原文化、南诏宫廷乐韵、巍山当地民族民间曲调、宗教音乐在这里和谐混响，令人感叹南诏遗风犹存。

在巍山，每年3月5日，世界各地的彝族代表聚集巍宝山土主庙，举行盛大的中华彝族祭祖大典。

◆ 巍山祭祖

在巍山，茶马古道和博南古路交错，“鸟道雄关”的威名远播四方。沟通弥渡、保山、祥云、下关、丽江等附近地区物资交流网的巍山马帮，用勇气和毅力、以无数马蹄印将古道推延至昆明、思茅、四川甚至国境线外的缅甸、泰国、老挝。及至民国，以大马锅头马如骥为首的东莲花马帮，坐拥7支马帮350多匹马，频繁往来东亚诸国。东莲花村到了“家家养马、户户经商”的地步，“村内马帮云集，来往商旅如织，经济繁荣，一度被喻为小上海”。

……

有一种攀爬，登高跌重，不甘、不舍、不粉身碎骨不罢休。而巍山，曾经站得有多高，俯视众生，就可以伏得有多低，隐身尘世，从尘埃里开出花来照见这世事沧桑、人心多变。看淡看破之后还能深爱这无涯人间，用一碗清淡的粑肉饵丝慰藉来来往往的寻觅与热望，是巍山无悲无喜、来去随意的气度。

流过巍山坝子的阳瓜江，源头在密鹿么村西南方。那里有马缨花和麻栗树杂处形成的低矮灌木林，林下高高苇草遮挡住的就是神龙额骨阿宝居住的湿地。近旁山坡上一个个脸盆大小的泉眼溢出的水流汇到湿地，再向着山下流去，穿过巍山坝子，缠绕哀牢山与无量山之间的谷地，最终投奔南海。额为水，骨为弯曲，阿宝是父亲，“额骨阿宝”就是“一条弯弯曲曲河流的父亲”，他孕育了红河。在“红河源头额骨阿宝”碑的背面，是徒步行走云南六大河的柴枫子写下的《红河源祭》。这个安静的男子，住在昆明郊区山坡上向阳的红砖房里，单人木板床靠墙的一面仔细地围上一圈布，齐整地堆满书。那个午后，他当着我的面，将一封白皮壳的信交到心仪的女人手上，女人微笑着撇撇嘴，也不说什么，收进胳膊挽住的挎包里。那时候的我，不懂爱情。可正如大江大河未必有壮阔的开端，河流的源头也可以是父性而非母性一样，世间所有存在，也许没必要一一懂得，接受就好。

流浪的根子深埋在每个人的心里，温度、水分适宜，就发芽，挡不住。有的人抱

◆ 巍山红河源风光

◆ 大理洱海湿地

持明确目的去“流浪”，就像柴枫子只身走云南六大河流；而有的人，是逃离。

是不是对生活不太满意
很久没有笑过又不知为何
既然不快乐又不喜欢这里
不如一路向西去大理

大理龙龛下登村是《心花怒放》的取景拍摄地之一，夜色酒吧就开在村子西头，2014年的时候，那四周全是临洱海建盖的客栈、民宿。

你有没有发现，我绕来绕去就是不想讲大理和丽江，尽管和几乎所有外省人一样，我对云南最初的概念就是这两个地方，也正是如此，你知道，人生若只如初见那种心情。滇西北最具特色而路又不是特别难走的大理、丽江，被最早作为云南的旅游宣传名片，也是几乎所有到云南旅游的人最常规必走的线路，这种“无人不知无人不晓”其实是一种损害。

大理，前前后后跑了多少趟已经记不清了，只因太喜欢。苍山十九峰齐整排列端坐洱海边，如神如仙，白发苍苍，白须飘飘，脸是看不清的，因为胸口有云飘着，像拉了挡帘，影影绰绰。静卧于大理坝子的洱海就在苍山脚下，与所属的澜沧江水系呈现出截然不同的风格，静谧、蔚蓝，一派温柔。她汇纳了苍山十八溪的溪水，守护、盘绕在苍山脚下。面对他们，你像一个朝圣者，终踏仙境，手足无措，张口结舌。苍山山顶终年积雪不化，最高海拔3800米，有众多第四纪冰期遗留下来的高山冰碛湖泊，当然，前提是你上得到山顶才能看见。平日里，看到的就是积雪不化，就是流云奔涌，有时候，是在十九峰的分隔之间奔腾流泻，仿佛将要流进洱海，折头又往山顶去了，如是滚动再三，成了活的水墨山水。这样的场面是可以呆看一天的，从清晨到日暮，没有任何两个时候会一样。选一条船，漂荡在洱海之上，水清得看见海菜花舒展，面向苍山，看风起云涌。“风起云涌”这个词真的只有在苍山才算见识，才是贴切。其他地方，比如西盟佤山，也可以看到较低的大面积的云，但那是云海，省外也有的。经由山形山势地貌气候无一不配合到位的这种风起云涌，唯有苍山。我不敢上苍山顶，时常有冒险者被困或消失，那几乎是一片禁区。还是禁区好，永远这么看着，永远这么美。我走玉带路，平而曲折的环山腰观景路，走在上面，你就是苍山的一部分，被绿色水汽包裹，“鸟鸣山更幽”。头回去，我们用两个小时才走到七龙女池。一路上没见人，很静，空气很好，不知前途，无法决定是不是走错路，要不要折返。然后前方走来一个中年人，戴眼镜很书生的样子，却光着两脚。我好奇问，他一笑：水太美，漂走了。我还怎么用文字向你形容呢？怎样都苍白，不身临其境，无法体会内心的震撼和由衷的喜悦。苍山十八溪，言说不尽的美。还有云南的八大名花——山茶、杜鹃、玉兰、报春、百合、龙胆、兰花、绿绒蒿，全部可以在苍山觅得

◆ 大理苍山十九峰

芳踪。总觉得，苍山是可以走一辈子的。此后几年，我的出行目的地一直是大理大理大理，怀着无比期待的心情，一次又一次投奔而去。酸木瓜煮鱼、酱爆田螺、海菜汤、烤乳扇、梅子酒……吃、住、行、游，无一不舒心，这就是我的大理。

逃到大理和丽江的人——之所以要用“逃”，是因为很多地方，跟大理和丽江相比，都更应该叫“过日子”而非“生活”——要么有某段关系需要整理，要么有些包袱需要放下，面朝大海春暖花开的大理和青石板城小桥流水的丽江为这样的人提供了收留。丽江古城里替小东巴看店的华姐说：“你来，我给你租个小房子，跟我们一起做饭。”可直到毕业以及此后好几年，我始终没能找到那个随我一起去丽江的人。我每天去小东巴店里看他刻盘子，吃华姐新买的瓜子，跟他俩喝茶聊天，把照片钉在小东巴的记忆墙上，在他的留言簿上承诺我还会再来……这样毫无负担的日子，过了三天，却像一辈子，和现实人生毫无关系的一辈子。

◆ 丽江古城

谁的头顶上没有灰尘
谁的肩上没有过齿痕
也许爱情就在洱海边等着
也许故事正在发生着

294个列入中国传统村落名录的云南小村子，占中国传统村落总数的20%。这其中任何一个村落，都可以给你提供逃避现实的居所，但其实，你没想过，云南，更可以是开始另一种人生的理想地。

春分这条均衡的线

我有一个从未回过的故乡浙江绍兴，在书本里，在电视画面中，在籍贯那一栏；有一个安放了四年青春的学乡陕西西安，在记忆里，在同学群落中，在学历证书那一页；还有一个，真正是家乡，出生、长大、工作、结婚生子，后半生似乎也没理由不在这里度过。云南昆明于我，无处不在。我曾经很讨厌昆明的春天，特别干，风特别大，倒春寒的时候特别冷，甚至超过了冬天。微信里有人写段子说：

别处的春天都是春姑娘，昆明的春天就是个疯婆娘，前天27度昨天9度，今天21度，明天15。我每天都很忙，忙着穿秋裤，脱秋裤，洗秋裤，收秋裤，找秋裤，穿秋裤，成天换衣服忙得不亦乐乎。

春分节气这一天，太阳直射地球赤道，昼夜等长，是春季90天的中分点。《春秋繁露·阴阳出入上下篇》说："春分者，阴阳相半也，故昼夜均而寒暑平。"这个时候，全国大部分的地区已彻底回暖，春天的模样越来越明确，但在云南，特别是昆明，却有可能是倒春寒的开始。所以，长住昆明的人都知道，冬天的羽绒服不急收，得留到倒春寒，否则很难过春天。

西安的冬天，泼水地面秒结冰，外出穿四条裤子，屋里的暖气却烘得你流鼻血。也由于供暖的能源问题，空气中浮满黑色炭灰，每天晚上洗脸的一个重要步骤是清洁鼻孔。云南没有暖气，要不是星级酒店越来越多，空调在昆明是没有市场的，因为不需要，冬天没冷到那份儿上，夏天也没热到那份儿上。但倒春寒的时候，很多初到的外省人觉得昆明比省外各地冷多了，冷得没躲处。而住惯的人就知道，昆明气温平均，冬无严寒，夏无酷暑，春天里的倒春寒不过是延续了冬天的余韵罢了。

云南山地众多，一山分四季，十里不同天。开车在高速上过隧道，进去前是蓝天白云，出来时就瓢泼大雨，而且云南各地气候在同一时段也可以不尽相同。特殊的地理环境和得天独厚的自然生态条件使得云南不似北方四季那么分明（特别是以“五一”和“十一”作为冷暖的分界，“五一”过后就热，“十一”过后就冷），云南各地气候基本是遵循二十四节气而走的。正所谓“时节”二字，就是有所为有所不为。在这“为”与“不为”之间，流淌的是对生活风浪的随遇而安，对平淡时光的甘之如饴。这也是为什么我说“云南更可以是开始另一种人生的理想地”的原因。在云南，你可以有很多种选择，这种选择不是对职业而言，“北上广”这样的一线城市就业选择更丰富，我指的是选择生活。云南大学董云川教授有句名言：人生不过两种——奔生与奔死。很多人咬紧牙关不停歇地奋斗不止，不过是加速奔向人生终点；而另有一些人，选择自己想要的生活，认真开心地过每一天，这才是投奔生命的终极意义而去吧。

比利时与云南，仿佛毫不搭界，从路途、语言、文化、生活方式画出无数条分隔线切断这两个地方的联系，两个世界。可就是这两个世界的人，偏偏走到了一起。比利时姑娘温蒂嫁到云南纳西小伙儿和吉胜的故乡白石寨，生儿育女，经营客栈，谱写出一曲浪漫的跨国恋歌。

滇西北，三江并流区域，始终鲜活在绮丽、壮阔的传说里。无论是连绵起伏的群山、雄峻深广的河谷，还是遗珠散落的古村落、神秘多彩的少数民族，都不断引来一拨又一拨的旅游热潮。丽江，自然是这热潮中最大的热门。近到大研、束河、黑龙潭、白水台、玉龙雪山，远到泸沽湖、拉市海、虎跳峡，一个个糅合了壮丽风光与灿烂民族风情的名字在世界各地旅游者中口耳相传。

然而，同样在丽江，却有一个名字，知者甚少，知道的人也言之不详。这个名字

◆ 玉龙雪山

伴随着小东巴墙上的一张图片而来，仿佛天空之城一样神秘而充满莫名的吸引力。画面上只见一块巨石，山一般大小，兀立江边，巨掌般托住一片纳西村庄，遗世独立地面对着滚滚江流。此后，“宝山白石寨”这个名字就深深扎进了脑海。

登上玉龙雪山的人不会想到，就在山的另一面，就在玉龙雪山景区背后，悄悄藏着一个纳西古村寨，一藏就藏了700多年。要追索一个地区的历史，尽可以翻查史书，检索出完整的来龙去脉，而“宝山白石寨”可查的史料并不多，像身份证信息一样写着：隶属丽江玉龙纳西族自治县宝山乡吾木村，也称“宝山石头城”。这个村寨，更多的，是传奇—— 一座从石头上开凿出来的纳西古寨，一个与“元跨革囊”紧紧联系在一起的地方，你觉得，仅止冷冰冰的史书记述可以完载吗？

◆ 宝山白石寨寨门

前往白石寨的路曲折幽慢，像历史的回溯一样徐缓。尽管它离丽江古城只有126公里，却满满当当走足4个小时。一路的山高谷深，一路的流水淙淙，一路看云看雨的转换，似乎要蓄足一个现代人远离大都会的心情，在这段路途中沉淀出清静如水的安然，如此，才足以面对一个从元代矗立至今的古村寨，面对历史无尽的沧桑和无法言说的悲悯。乘坐在现代交通工具上，这样的路途其实不算什么。透过史书页望向遥远的南北朝，纳西先民举家迁徙的步伐在深山巨谷中显得特别渺小，但正是这些渺小的步伐，一步一个脚印地走出一片新天地来。那时的宝山为州，境内山脉纵横，河谷深切，有着茂密的原始森林和丰富的动植物资源。《元史·地理志》里说："其先自楼头（宁蒗县永宁）徙居此二十余世。"这支英勇的摩梭人从永宁迁居宝山，看中了这里自然条件的优越，同时拿出十二分的勇气在巨石上开凿城寨。无法想象，他们如何艰难地修筑石级梯田，从峡谷深处层层而上，直达距河谷两三千米的高坡！站在湿热的江边向上仰望，无法言语，只有仰望的姿态可以表达内心深深的震撼和敬意。每年5月，滚滚麦浪会告诉你，这些纳西先民们有着何等大无畏的勇气；每年10月，金黄的稻穗沉甸甸地晃出700多年自给自足的逍遥。正是这些错落有致的梯田，使得宝山白石寨数百年来遗世独立，远离喧嚣，作为一种安静的人类文明，存续至今。

巨石上的白石寨平均海拔1720米，没有河谷中的潮热，相反全年气温恒定，宜人居住。这座始建于公元1277年的寨子，当时为丽江路宣抚司所辖的七州之一——宝山州治所，纳西语叫“刺伯鲁盘坞”（宝山白石寨）。整座寨子建在一块巨大、独立的

◆ 白石寨全貌

蘑菇状岩石上，面积0.5平方公里，北面太子关，南面岩石渡绝壁，整个寨子三面峭壁，势如刀削。东面是滚滚而来的金沙江，石寨这一侧的陡坡直插急流，全然一副易守难攻的态势。居民在寨子四周加筑了一圈五尺高的石墙，使得石寨更易防御和掩护，东西两座石门一关，真正的“天险之城”呈现！寨子西高东低，山岩起伏，所有房屋都依地势构建，错落有致。木结构、黑瓦、砖或泥墙，这些典型的纳西风格会令亲切感油然而生；而整个寨子的道路就在巨石上顺势开凿，各种生活用具也多就石材打造，令人随处有惊讶，随处可感叹居民们的智慧和巧工。

白石寨少有游客，只偶尔有背包驴友来一探究竟，因此每一张陌生的脸都会引起村民的驻足，然后是爽朗的一笑，指引你可以借住的民宿。当你入住，请你开窗，层层屋顶次第向下，金沙江对岸的山峰插破湛蓝的天空，没入云层，令人产生一瞬间的眩晕，又久久地把自己定格在窗框内，任双眼饱览壮阔的风景，思绪翻滚进涛涛历史洪流。南宋末年，蒙古军队正面进攻江南因长江天险受阻，于是脑洞大开制订了一个庞大的军事计划——由忽必烈率铁骑数十万从现在甘肃一带渡黄河直下甘南，经松潘、泸定而穿整个川西藏区，去攻打当时的南诏大理国，以对南宋形成南北夹攻之势。行军至金沙江天险太子关时，蒙古士兵按北方渡河的方法，把动物皮吹制充气成为“革囊”以渡江，孙髯翁《大观楼长联》提到的“元跨革囊”即典出于此。在江边，忽必列接受了丽江土著首领的降迎，再长驱直

◆ 白云深处

入，一举灭了大理国，完成了对南宋的合围。也由此，元对云南的统治比统治江南早了近20年。从蒙古高原跨甘肃、四川两省的青藏高原边缘地区直下云贵高原，这种令人目瞪口呆的千里奔袭战略来源于何等雄壮的气魄，我们已无从考证，但一想到对元朝统一全中国有着重大历史意义的“元跨革囊”就发生在白石寨旁的太子关，内心那种澎湃感简直莫可名状！老人们讲，当年土著首领降迎忽必烈大军之后，要在金沙江畔兴建军寨驻守，于是选中具有天然之势的巨岩建城，从此就有了宝山白石寨。也许这个说法更为可信，毕竟，在这样的地势上筑城，平民之力实在无法想象。

◆ 外国人来到白石寨

历史风烟散尽，此地唯余日升月落的生息。白石寨每间房屋屋脊下悬挂的各不相同的悬鱼装饰，轻轻地，又实实在在地表达着这里生活的安定。居民们“鱼主水，水克火”的祈愿，默默地诉说着岁月静好、家宁物丰。也许就是这别样的生活气息最终征服了温蒂。

那是2000年春节前后，比利时“美猴王”旅行社领队温蒂与兼职虎跳峡徒步向导的纳西小伙儿和吉胜相遇。和吉胜的朴实打动了温蒂，而活泼热情的比利时姑娘的一颦一笑也深深地留在了和吉胜的脑海里。此后，他们又有多次接触，在温蒂去法国读研一年多期间，二人书信相往，情义渐深。终于，和吉胜送给温蒂一件橙色的T恤衫，上面写着“心心相印”4个字。不懂中文的温蒂看着眼神充满温柔的和吉胜，心里也似乎明白了该是下决定的时候了。于是，她随和吉胜回到他的家乡白石寨，按当地传统穿上“披星戴月”的民族服饰，笑意盈盈地嫁给了身披羊皮坎肩、踏实忠厚的纳西伙子和吉胜。全寨1000多人参加了他们的婚礼，大家通宵打跳，载歌载舞。沉寂数百年

◆ 温蒂一家

的白石寨欢腾盛放！

如今的温蒂，脸上多少有些辛苦的痕迹。可当你面对他们一家四口其乐融融的样子，又觉得只有笃定的幸福可以令她绽放出如此灿烂的笑容。夫妻俩筹备着经营自家的客栈，每一个细节的讨论商量都透出浓浓的过日子意味。那是只有在厚实的生活基底上才能开出的幸福之花。

在白石寨，一切现代交通工具都没有用武之地，所有人回归双腿，所有驮运依靠马匹。当地老人说："外地马高大骄傲，昂首走路，昼行千里，夜行八百，可一到丽江，却吓傻了，因为它们昂着头，看到那么多大山需要跋涉，一步都走不动了。而丽江的山地马低调谦虚，垂头看路，一步一个脚印，嗒嗒嗒地走到终点，回头再看已过十万大山。"嫁作纳西媳妇的温蒂不改西方人的浪漫本色，接人待物仍旧热情爽朗，但骨子里似乎又吸纳了纳西人的智慧和温和，接受了纳西人埋头苦干的人生信条，在宝山白石寨，开辟出生活新天地。

花一开满就相爱，春风对雨的依赖
我等待，为你飞舞的姿态
花一开满就相爱，离开害羞的女孩
我等来，在你眼中的光彩
……

这样明艳的生活光彩，云南随处可见。

勐海县格朗和乡南糯山，是西双版纳著名的茶产地，平均海拔1400米，年降水量在1500～1750毫米之间，年平均气温16～18摄氏度，适宜茶树生长。境内古树参天，凤尾竹摇曳，绿意一浪又一浪漫过山头。传说当年诸葛亮南征，路过南糯山，为了医治因水土不服而生眼病的士兵，诸葛亮手杖插地而化茶树，让士兵们摘叶煮水，饮之病愈，后来南糯山也被称为孔明山，成为澜沧江下游西岸最著名的古茶山、优质普洱茶的重要原料产地。南糯山的30多个自然村居民主要为哈尼族，但最早有记载的却是

◆ 晨雾茶香

南诏时的布朗族先民在此种茶。后来布朗族迁离南糯山，遗留下来的茶山才被哈尼族支系僾尼人所继承，此后的1000多年，延续了大约58代人，至今还有9个自然村分布有12000亩古树园。许多珍贵的古茶树资源令南糯山的茶叶声名远播，过去每年农历十月过后各个马帮就来收茶叶，驮运到思茅、勐海、勐腊等地贩卖，有的大型马帮甚至将茶叶驮运往东南亚的许多国家。古树间采茶的僾尼人，肌肤是黝黑粗糙的，但每个人眼睛里闪现的光彩却又那么明艳动人，那绝不是一个生存在大都市生活重压下的人能有的神采。南糯山几乎家家制茶，以为生活来源，同时也是一项家传事业。品质优良的茶叶，作为普洱茶原料，有着巨大的市场，南糯山因此致富。

在古茶树园里采茶仿若置身原始森林，周遭如水清凉，抬头看见的蓝天因为众多绿树的映衬，反出绿松石的调子来，那么温柔。云南大叶种茶树产出的茶叶，制成普洱，年份新的浓酽呛烈，适合中了“茶毒”的老茶客，就像山里人家的烤茶，用一种炝锅的方式体现“沏”的力道，将茶叶中的各种元素一古脑推到水中，这一碗水，不是谁都喝得下去的。普洱的魅力在于时间。新制的茶越呛烈，经过时间的沉淀得出的滋味越深厚。如果新制茶清香适口，一般是经不起时间的。比起马帮驮运经年而至的普洱茶，现代的存储更安定有序，只是不知后代普洱们会否念及祖辈在马背上颠沛流离的时光，会否艳羡经过那样的风雨而成的醇香与汤色，那是屋檐下的甜睡与等待无法企及的时光。

◆ 春茶飘香

与古茶树的采摘不同，台地茶特别漂亮，容易被当成一种景观。茶树在惊蛰后冒尖，嫩芽到了春分时节，饱满昂扬地挺立枝头，等待采摘。这时的茶树，在阳光下闪闪发亮，一垅一垅绵延在山坡上，周遭较高的其他树种也在春天吐露新芽，浓淡深浅不一的绿簇拥山坡。找一个至高点眺望，蓝天之下，绿意春深，山河一片大好。深呼吸，有淡淡茶香盈鼻。“江山万里，披襟当风，只觉满目山川中有个我，每一次呼吸，都共一茎草叶的起伏。是的，我们对一个国家的归属感，就是这样产生，并渐渐沉入血脉的。”对云南，我时时有这样的归属感，因为每走一地，都令我眼前一亮，每走一地，这片土地的神奇都令我折服。春茶经过整整一冬的休养，内含充蕴，香扬汤润，这是自然的馈赠，无须等待时间的发酵，尝鲜就好。玉溪峨山产一种叫银毫的绿茶，汤色清绿，入口香气扑鼻，茶味适中，回甘甜润。遇上收成好的年份，还有顶级的芽尖称为贡蕊，用玻璃杯冲泡出来简直是艺术品。茶，是饮品，是中国人生活中不可缺少的伙伴，是和柴米油盐酱醋并列的生活必需品，它并不高深。不可否认，云南特有的普洱茶因为历史和环境的原因，附加了很多茶之外的厚重，可以讲很多故事，但不需要装神弄鬼。好喝、喝得起，就是好茶，除此而外的评判标准属于行业，与饮茶者其实无关。

茶的种植、采摘、炒制、冲泡，像极了重新开始的人生。你把自己蜷缩起来变成铁核桃一样去应对工作挑战、人事纷争、生活重压，就像炒制后的茶叶，失去了所有水分和生命的灵动，以为人生真的就这样了。突然有一天，云南的水浇开了你，你舒展在这片蓝天下，发散芬芳，重现绿意，将内心埋藏的理想、美梦、能量一并挥洒，把人生活出另一种面貌，不好么？

人生，说到底，一杯好茶而已。

◆ 茶香万亩

◆ 景迈古茶林

◆ 澜沧景迈山

讲茶，无法回避普洱。

在普洱市景谷盆地发掘的3540万年前的宽叶木兰化石是迄今为止唯一发现的茶树植物垂直演化始祖；境内2700年的镇沅千家寨“世界茶王”树、邦崴1700多年的过渡性古茶树，以及澜沧景迈1800多年的万亩栽培型古茶园都在证明普洱是名副其实的普洱茶文化发源地。

2017年5月26日，澜沧景迈机场通航，意味着普洱市西南面“绿三角”地区（澜沧拉祜族自治县、孟连傣族拉祜族佤族自治县、西盟佤族自治县）旅游揭开新篇章。

澜沧县有着目前世界上保存最完好、年代最久远、面积最大的人工栽培型古茶园——景迈芒景古茶园。当地的布朗族、傣族茶农至今保留着传统的制茶工艺，去到当地寨子，随手抓一把茶农晾晒的茶叶冲泡，汤色清亮，香气扑鼻，茶味浓酽而回甘迅速，一杯茶饮下，疲劳顿消，脑清目明。澜沧县是全中国唯一的拉祜族自治县，如果能去到当地的老达保村，你会发现拉祜族是怎样一个热爱歌舞的民族，从刚开口的娃娃到垂垂老者，无人不会唱歌跳舞，称他们为“快乐拉祜”一点不为过。在艰苦的生活中依然欢声笑语、歌舞不断才是真的快乐，才是真的达观。

西盟新县城很小，从山脚到山头县政府，一条街走完整个县城，但是西盟却是我走过的云南最有特色、最规整的县城，街两边的店铺完全是佤族特色的现代体现，屋顶还铺了茅草。正疑惑这样房屋的维修得花费多大功夫，就被当地人告知，这些茅草实际上是不锈钢丝，利用现代工艺仿制成茅草铺盖下来，其效果真是令人惊叹。进入店铺，白天可以吃到佤族的各种凉拌菜，酸辣开胃，夜间可以吃到佤族风味的烧烤和

◆ 从勐梭龙潭远眺西盟县城

◆ 西盟县城街景

◆ 勐梭龙潭龙摩爷圣地

◆ 祭祀龙摩爷

煮鱼。与西双版纳的不夜城不同，西盟县城在8点以后就渐渐安静，街上除了路灯，除了小店里个别喝酒的人，一片安宁。他们的日子开始得早结束得早，很符合早睡早起的要求。清晨天刚微亮，县城边的勐梭龙潭还笼罩在一片晨雾中，老人们就已结伴进入龙潭去打山泉水了。勐梭龙潭有着九寨沟一样的水，倒伏在水中的树有着同样婀娜的身姿，哪怕严夏进入，也瞬间周身凉爽。这是一片原始密林，密林深处，端坐龙摩爷。这是佤族的圣地，树上、岩石上远远近近安放着祭祀用的牛头，很多牛头几乎已化为树与岩石的一部分，相同的色泽、相同的湿度、相同的冷冽。

同为边境县城，孟连有着与西盟全然不同的气质。中缅边境上的孟连县主体是有着700多年历史、号称“唯一留存的傣族古镇”的娜允。这里有着傣汉两族风格合璧的建筑群，说明很早以前内地和边疆的交流就存在了。孟连的土司统治持续660年，形成了宣抚司统治区（孟连、澜沧、西盟等）方圆数百里的政治、经济、文化、宗教中心。娜允古镇在东南亚傣族人民心目中是一个神圣的地方。

国家级文物保护单位宣抚司署，代表着傣族世袭土司的统治，从第一代土司罕罢法到1949年末代土司刀派洪，28代土司相沿承袭，自明清延续到民国。自明至清，刀氏土司在南垒河西岸金山东麓为世族构建规模宏大的“内城”，也就是现在的娜允。依傣族旧制，山城娜允被严格划分为上城、中城、下城以及芒方岗、芒方冒两个寨子，上城居住土司及家奴，中城居住官员和家属，下城则为下级官员住所，芒方岗和芒方冒是林业官和猎户居住的寨子。如今保存下来的有上城的宣抚司署、上城佛寺和中城区的中城佛寺。

◆ 全国重点文物保护单位——孟连宣抚司署

宣抚司署的二叠小歇山式飞檐斗拱门堂一派庄严地矗立于上城最高处。13级石踏道旁是4株高大浓密的棕榈树，8根金色门柱在阳光下熠熠生辉，耀人眼目，果然有“贺罕”——金色王宫——的气势。进入大门，三檐歇山顶干栏式的议事厅呈现眼前，长23.2米，宽16.1米，高10.2米，面阔7间，进深5间，规制宏敞，非常气派。一层的褐红色木地板擦得很干净，透出檐外天光，似水浮动。6排共47根金色干栏柱因为藏在屋檐下，隐匿了夺目的光芒，透出温润的色泽，简洁悦目。大厅一侧摆放着几架样式各异的木鼓，诉说着远去历史的生动细节。

站在司署院中，骄阳炙烤，一走进议事厅便凉风扑面，暑热顿消。回望来路，两片绿茵茵的草坪铺在议事厅与大门之间，精心修剪过的灌木像花边一样将它们团团围住，细高的棕榈树错落地散布其间。脱鞋上到二楼，是土司议事处，端立于屋子最前方一人多高的龛台就是土司的“宝座”。宝座两旁高竖旗帜和仪仗，其中两柄镶嵌宝石的金伞尤其引人注目。遥想当年，刀氏土司召集傣族、拉祜族、佤族的头人们在此议事，问应之声如在耳畔，而时光已悠悠走过几百年。这里光线昏暗，特别地显出森严和古旧来。

议事厅后是后花园，遍植多种热带植物花卉，阳光下，绽放着热烈的花朵。大片的红色三角梅攀爬在壁间，树番茄则悄悄地从墙头垂挂下粒粒火红的、橙黄的果子，将灰褐的墙面装点得灿烂鲜活。正厅通过小拱桥与议事厅相连。这座一楼一底重檐硬山顶式建筑为刀氏土司及其夫人们的居室，左右厢房也是一楼一底硬山顶建筑，采取沿廊式对称，与正厅浑然一体。同议事厅相比，正厅显然华丽许多，无数根金柱与檐下精雕细刻、繁复瑰丽的金色斗拱相互辉映，衬着褐红色的木楼，使得“金色王宫”的称号名副其实。在厢房的玻璃橱窗里，陈列着清代朝廷赏赐的青蓝色底绣蟒袍和黑色丝缎六品朝官朝服，还有印信、傣文典籍、土司家居用品等物，深具历史和艺术价值，为研究地方民族史提供了珍贵的文物史料。

边境孟连气温较高，夏季是不适宜的，春天倒是游览的好去处。议事厅外烈日当头，厅内却清风阵阵，格外凉爽，可见其建筑的用心与巧妙。呷一口傣家的糯米香茶，剥食庭院酸角树上打下的果实，解暑清凉。

孟连的早点不可错过，有着十数种配料任你自由搭配的红米干，酸辣爽口，非常过瘾！

其实普洱远不止“绿三角”，还有景东、景谷、江城、镇沅……向每一个方向发散出去，都有着不同于其他的风景与风情。我去年冬天开车带全家去了景谷，从高速

◆ 晨光中的金色王宫

◆ 孟连宣抚司署内院

下景谷县道之后，整整开了3个小时，但这3个小时里，一路绿海，甚至还看见了冬樱花。可以想见，春天的景谷该是怎样一片绿意盎然、鲜花遍地。景谷县城小而精致，生活节奏特别慢，大白天在街上都看不到太多人。任意走进一家小店，蔬菜新鲜、肉类香嫩，任何一道菜都在家常口味之外品出了鲜爽感，结账时的价格让人惊喜。云南人从来没有把自己束缚在一张乏味的食物清单上，因为自然馈赠丰厚，菜色变化简直令人眼花缭乱，仿佛世间一切都可以端上餐桌。县城虽然酒店不多、星级也不高，但房间和服务的品质却令人刮目相看，与之对应的是相当公道的价格。4年之后高速开通，佛迹之县景谷、生态秘境景东当成旅游热点无疑。

◆ 景谷勐卧总佛寺内的塔包树

◆ 景谷勐卧总佛寺

◆ 普洱太阳河国家森林公园里的小熊猫和猫头鹰

普洱相对海拔起点低，境内以中低高度的山为主，森林覆盖率达68.7%，每立方厘米含负氧离子超过1万个。这里地形地貌复杂，气候类型多样，山地面积广，湿热雾大，利于动植物的生长繁殖，是全国生物多样性最丰富的地区之一，也是北回归线上难得的绿洲，素有“植物宝库”“动物天堂”“绿海明珠”“天然氧吧”“茶林里长出的城市”等美誉。自然条件的优厚使得普洱成为全球最好的山地养生养老气候区：年平均气温18.9摄氏度，春秋两季时间长，终年绿色不绝，冬无严寒、夏无酷暑（虽然我个人认为真正的夏无酷暑只有昆明）。普洱也是云南版图中长期被忽略的优质旅游地，其思茅中心区非常适合进行自驾原生态之旅。太阳河国家森林公园设计合理，众多其他公园难得见到的野生动物在这里安居，电瓶车与徒步栈道配合的游览方式，给游客提供了安全、舒适的游园体验，老少咸宜。普洱境内居住有26个民族，其中14个为世居少数民族，民族风情多样，民族风味浓郁。

春分这条均衡的线，特别偏爱云南，或者说，云南把春分这种均衡化入了骨髓，如此温和而美丽。

清明一挥袖间

朋友说父亲逝后，每提及清明，便会心酸一下。同时作为节气和节日，二十四节气中，清明是唯一一个。《淮南子·天文训》云：“春分后十五日，斗指乙，则清明风至。”《岁时百问》则说：“万物生长此时，皆清洁而明净。故谓之清明。”作为节气的清明，意蕴透亮，是茶叶采摘之后雨水渐多的预示，也是天地由阴转阳，吐故纳新，春和景明的开端。而作为节日的清明，古时称为“三月节”，有着2000多年的历史，因为祭奠先人、逝者而带上悲伤色彩，连这时节的雨，也有了“蜡烛有心还惜别，替人垂泪到天明”的意味。

“忽病足，不良于行”的徐霞客，被仆从盗走全部财物，要不是丽江土官木增派滑竿护送，很难辗转乘船回到家乡。我两次攀登鸡足山，一次骑马，一次步行，两种方式都累得够呛，但对于长年用双腿丈量大地的徐霞客而言，步行是他观察周遭、发现新事物、考察考证的必由之路，几乎可以说是他的生命方式，所以，在我们看来惬意的滑竿代步，对他而

◆ 徐霞客悲壮东归

◆ 昆明徐霞客纪念馆

言，无异于宣判了行游生命的死刑。可以想见，躺于滑竿之上的他当时何其悲伤、沮丧。但这情绪中又有欣慰，虽身处异乡却无异乡之陌生，云南是他除家乡以外生活时间最长的省，他的足迹遍及云南10个州市的46个县级政区。他在云南还结交了唐大来、木增等62位友人，与他们同游唱和，也得到他们的各种帮助，内心富足，落笔处处深情。存世的《徐霞客游记》，有40%的内容为《滇游日记》，可证此心。他曾说："吾荷一锸来，何处不可埋吾骨耶？"对于死亡，他是不怕的，他怕的是，"朝碧海而暮苍梧"的奇想无法实现，"问奇于名山大川""欲尽绘天下名山胜水为通志"的远大志向被阻断。近日，第十二届中国·江阴徐霞客国际学术研讨会召开，我撰写《打造"霞客行·徐霞客云南游线"　以出版助推云南旅游业新发展》一文以参会，指出《徐霞客游记》是研究云南地理沿革、明代云南社会历史及少数民族情况的重要文献资料。按照《滇游日记》的记述，将景点、自然遗产、文化遗产、历史遗迹串联起来，打造"霞客行·徐霞客云南游线"是完全可能和可行的。这一线路的成形，不仅是自然资源的重新整合，也是历史文化资源的深度发掘；徐霞客在滇游历期间交往过的朋友、名人，这些交往所存留下来的各种文献、史迹，可以大大丰富云南旅游资源的历史文化含金量，使云南旅游从单纯自然风景游览的刻板印象中跳脱，成为具有全国甚至国际影响力的集自然生态、历史文化、地质地貌、探险体验等旅游门类为一身的全方位旅游形态，足以将云南旅游推向另一个新高。徐霞客研究专家、云南大学历史系朱惠荣教授打电话给我，说看到这篇论文，论点发他人之未发，很具启迪性，也希望我把这个论题展开继续做下去。

人生一世，时光短长不可知，生命的宽度和厚度却清晰可辨。

◆ 徐霞客纪念馆和升庵祠

徐霞客纪念馆与升庵祠合在一所小院里。

杨升庵祠位于昆明市西15公里的高峣村。明万历年间（1573～1620年）为纪念杨升庵，将其旧居碧尧精舍改建为祠，供奉其塑像，清光绪七年（1881年）重修。杨升庵祠背靠西山，面临滇池，旁有清泉，花木繁盛。杨慎（1488～1559年），明代文学家，三大才子之一。字用修，号升庵，后因流放滇南，自称博南山人、金马碧鸡老兵。杨廷和之子，汉族，四川新都（今成都市新都区）人，祖籍庐陵。正德六年（1511年）状元，官翰林院修撰，豫修武宗实录，禀性刚直，每事必直书。武宗微行出居庸关，上疏抗谏。世宗继位，任经筵讲官。嘉靖三年（1524年），因“大礼议”

受廷杖，谪戍云南永昌卫，病殁于昆明高峣。终明一世记诵之博，著述之富，杨升庵可推第一。其诗名远扬，又擅文、词及散曲，论古考证之作范围颇广，著作达百余种。杨升庵寓居云南期间，四处交游，仅在滇南就写出了不少笔记、选本以及许多注释性书籍，如《南诏野史》《云南通志》《云南山川志》《南中志》《滇载记》《记古滇说》等等，可说著作等身，对云南地方民族历史、地理、文学产生了巨大的影响。我们熟悉的《临江仙·滚滚长江东逝水》就取自他所作《廿一史弹词》，后毛宗岗父子评刻《三国演义》时将其置于卷首。明末，徐霞客登太华山时曾到此探访。现在的徐霞客纪念馆便是祠东原明初修建的普贤寺。

◆ 升庵祠·碧峣精舍

第一次开车前往，我迷失在高峣的小街小巷中，无法想象，这街巷里会藏着徐霞客纪念馆和升庵祠。可它的确就在。很小的入口，极陡的坡。车进院后却别有洞天，瞬间感受到一种与世隔绝的清幽。古老的石阶，拾级而上，周身的穿越感，仿佛身边走着的正是徐霞客或杨升庵。进得靠山内院，古树葱茏，鸟语花香，院落虽小，精到雅致，厢房里读国学的孩童发出朗朗的读书声，漫得整个院子书卷味极浓。两位曾寓居云南并对云南产生了极大影响的名人，以这样闲淡、幽静的方式在西山比邻而居，不能不说是一种历史的机缘和沉淀。

升庵毕生爱建水小桂湖，常常邀友泛舟其上，饮酒和诗，逍遥自在。位于建水古城朝阳楼外太史巷旁的小桂湖，乃明代取土筑惠历城城墙后积水而成；监督修城的将军天天就便在此洗马，又得了“洗马塘”的称号；此后洗马塘几经修整，渐成建水人泛舟赏荷、漫步垂钓之地。当时湖面被一条林荫长堤分隔为上潭、中潭和下潭，堤上垂柳依依，湖中荷花满池、鱼蛙相戏。嘉靖年间建水籍进士叶瑞告老还乡在此修筑小岛，建叶氏宗祠。贬谪来滇的杨升庵在阿迷（今开远）好友王廷表的陪伴下，来到建水，寄寓叶家。“三面荷花四面柳，烟雨楼台入画屏”的洗马塘令他着迷不已：“此山水双佳，颇与故居新都桂湖相仿”，从此洗马塘因升庵而得名 “小桂湖”。自感归乡无望的杨升庵视建水为第二故乡，在这里开馆讲学、教授生徒、著书立说。

◆ 建水朝阳楼

◆ 建水双龙桥

◆ 建水县乡会桥车站

滇南石屏—建水—蒙自一线，是我带家人走得最多的线路，春季出行，气温适宜。驾车往城外团山村方向行进，沿途草色青青、绿树成荫，乡道旁不时出现的古桥，让人有意外惊喜：这些年代久远的桥依然活在乡间，在人们的日常里扮演着自己的角色，这种活着的呼吸感比之在书页间看见它们更令人新奇和欣慰。途中个碧石铁路的一部分的乡会桥车站保存完好，明艳的法国黄在格桑花的映衬下有着明信片一样美丽的身影。这一路直到团山村，可以单独摘出来叫"美丽山乡"旅游线。置身这样的风景里，我总忍不住想象，倘令升庵晚些年或叫霞客早些时，碰面于建水，会否如久违知己般兴奋？携手出游，烹茶品茗，饱览湖光山色之时诗文应和，把酒言欢。纵使我知道这中间隔了整整113年，如此巨大的时间之鸿沟不可逾越，我还是怀疑，徐霞客的考察中多次追寻着杨升庵的足迹，难道仅只是偶然？

另一个与徐霞客有着密切关系的人——丽江土司木增——令我终于绕不开丽江。

木增（1587～1646年），字长卿，一字生白，号华岳，纳西名阿宅阿寺。明代丽江府第十二任土知府木青之长子，明万历二十五年（1597年）袭位。木增在历史上口碑极好，是丽江地区木氏土司世袭470年共22代中学习汉文化最多并在政治、经济、文化、图书的保存等方面都取得很大成就的一代明主，其在位期间是纳西族史上最为强盛的时期，被当地人尊称为"撒旦杰波"（丽江王）或"木天王"，许多寺庙都塑有其像，供世人膜拜。纳西族之所以在云南省众多少数民族中文化较发达，与木增读书爱书、引进汉文化、重视文化教育是分不开的。《明史·土司传》记：“云南诸土官知史书，好礼守义，以丽江木氏为首。”万历年间，木增捐款1万多两银子，建造悉檀寺于鸡足山，并在永胜、宾川、邓川等地置地1000多亩相捐赠，为鸡足山刻印经书，还请当时旅滇的徐霞客纂修《鸡山志》。《新纂云南通志》赞曰：“山中功德，以增为最。”徐霞客到丽江的时候，木增还请他在汉学上指教其子，以“窥中原文脉”。“万卷浑如邺架藏，清藜小阁满云香”的丽江土司木增与徐霞客结下深厚的友情。徐霞客贫病缠身之时，是木增派人护送他回到故乡。

清明时节雨纷纷，花亦纷纷，此时的丽江以樱花为首，团团簇簇、成群连片将一座城装点得热烈奔放。春雨中的木府门前、道边，落英缤纷。1997年12月通过世界文化

◆ 丽江木府

遗产认定的丽江古城，与山西平遥古城一样，是“真正从城市的整体上得到世界认可的名片”，它最美的时候并不在夜间酒吧的喧哗放纵与霓虹的耀眼迷乱。它的美是历代木氏土司以维持团结稳定为大局、归顺中央王朝赢得发展空间和时间，带领纳西族顺应天时、随自然地理营建城市而突显的和谐之美。这种美的源泉，又根植于以木增为代表的英主实行开明政治、认真发展经济、在本民族优秀文化的基础上积极学习并吸收中原汉文化精髓而形成的优良文化传统。丽江古城对于云南、对于中国乃至对于世界独一无二的价值，恰恰在于文化自信根基上的“不忘初心”。每当清晨太阳刚刚升起，映照在中国最南端终年积雪、被南诏国封为“北岳”却实在高出北岳恒山3500多米的玉龙雪山上，整个丽江古城都笼罩在佛性的光辉之中。雪山融化的纯净雪水汩汩地流淌、穿行于古城的街巷，便似徐霞客当年到访——古城从未变过，一如初见。

◆ 玉龙雪山和丽江古城

◆ 星夜鸡足山

在云南的山水间告别，苍凉是远重于悲伤的。悲伤的情绪在云南的山水里显得太浅，那么美的天地，没有理由悲伤。而逝去作为一种失去，在这样的山水间，仿佛更像是回归而非永诀。经湖北黄冈乘船回到家乡的徐霞客，“既归，不能肃客，惟置怪石于榻前，摩挲相对，不问家事”，不久便与世长辞。我大胆推测，如果能够选择，他应该更宁愿长眠于云南的山水间，因为这里有他热爱的河川大山，有他视为同心之人的木增等知己好友，有“夜月甚明，碧宇如洗”而令他“心骨俱彻”的天地！

近300年后，昆明西山又迎来了另一个年轻生命的回归。他奏出我们的心跳，用音符连接我们的血脉，以一首曲子奠定了人生的坐标，令全中国人民永久地怀想，他就是国歌的作曲者——聂耳。

1935年4月，为躲避反动派的追捕，党组织决定让聂耳取道日本，赴苏联、欧洲学习。7月17日聂耳与友人在日本神奈川县藤泽市鹄沼海滨游泳时，不幸溺水身亡，骨灰由朋友护送到上海。1937年，其兄聂叙伦将骨灰接回昆明，葬于西山，1980年迁葬于西山森林公园太华寺与三清阁之间的山坡上。墓园背依青山，面览滇池，占地1200平方米，呈月琴状。圆形墓穴建于琴的发音孔上，由24块墨石叠砌成音波状，直径3.8

米，安放着聂耳的骨灰，既象征时代的最强音由这里发出，又暗喻着聂耳24岁的生命历程。墓穴上方立有7块墨石组成的环形墓碑，象征7个音阶，上刻郭沫若手书“人民音乐家聂耳之墓”。墨石下生卒年代处安放着一个直径1.5米的汉白玉雕茶花花圈，洁净、肃穆。墓穴后半圆环状的石屏风上刻有国歌曲谱、万里长城以及反映抗日救亡运动的浮雕。墓前方有一尊汉白玉雕立像，高3.2米，重3.7吨，作沉思状。墓地周遭遍植苍松翠柏，如月琴静置于清幽的山林间，风过处，难分松音琴音。墓地前方左侧设有聂耳生平事迹陈列室。1988年聂耳墓公布为全国重点文物保护单位和全国青少年爱国主义教育基地。这里常年人来人往，不像一个墓地而更像公园，年轻活泼充满热情的聂耳应该更喜欢这样。

◆ 西山聂耳塑像

◆ 西山聂耳墓

每年清明扫墓，我都要登玉案山祭拜外公、外婆。有一次竟意外发现熊庆来墓和关肃霜墓，只比其他的墓略大些。发现的时候有些不相信，走上前反复辨认才确信并招呼家人来看。

熊庆来（1893 ~ 1969年），云南弥勒人，18岁考入云南省高等学堂，20岁即赴比利时学采矿，后留学法国获博士学位。他定义的“无穷级函数”，被国际上称为“熊氏无穷数”。熊庆来一生热爱教育事业，为培养中国的科学人才做出了卓越贡献。1921年他回国创办东南大学（即今南京大学）数学系，主持清华大学数学系工作并创办研究部，培养了一批中国现代杰出的数学家。1937～1949年任国立云南大学校长期间，群星璀璨。其夫人姜菊缘女士，其长子熊秉信，次子、云南旅法艺术大师熊秉明均葬于玉案山公墓。

关肃霜（1928～1992年），原名关鹔鹴，满族，湖北荆州人，京剧表演艺术家，专攻武旦。生前任第七届全国人大代表、中国戏剧家协会副主席、云南省剧协主席、云南省京剧院院长。

世间事，除了生死，哪一桩不是闲事

可这世间真正看重个体生死的，恐怕唯有至亲。如我等发现名人墓碑，更多的是惊奇，是探寻。我曾立在篦子坡头“明永历帝殉国处”碑旁良久，想着那段轰轰烈烈的历史，一个王朝的彻底覆灭，曾经作为南明滇都的昆明，那个清晨的杀伐与血泪……

◆ 明永历皇帝殉国处碑

南明皇帝朱由榔（1623年11月1日至1662年6月1日），明神宗朱翊钧之孙，光宗朱常洛之侄，熹宗朱由校、思宗朱由检、安宗朱由崧堂弟，桂端王朱常瀛之子。1646年袭封桂王。1646～1661年在位，年号永历，史称永历帝。张岱评价说：“永历惟事奔逃。”的确，在整个执政时期，风雨飘摇的帝国早已根基不在，永历帝除了奔逃，也没时间干别的。

云南大学历史系著名教授朱惠荣老师在其新作《昆明古城与滇池》中设专章《南明的滇都》谈到这段历史时是充分肯定的：

> 明清之际，清兵入山海关，占领北京，并迅速南下，全国形势逆转。张献忠领导的大西农民军的余部孙可望、李定国、刘文秀、艾能奇等四将军退到昆明，举起联明抗清的大旗。从永历元年（1647年）到永历十二年（1658年），以昆明为中心，滇黔两省为基地，出兵大败清军，控制全国半壁河山，势力达今四川、湖南、江西、广东、广西等省区，推行一套完整的经济、文化、民族、宗教政策和科举考试制度。抗清义士和文化人纷纷奔走西南，群集昆明。永历十年（1656年），农民起义军又把南明的永历皇帝接到昆明，昆明成为南明永历政权的最后一个都城，时称“滇都”。在农民军的支持下，永历政权成为南明诸政权中持续时间最长的一个。农民起义军占领省会城市作为自己的中心，左右全国形势达12年，在历史上是罕见的。

永历十六年（壬寅，1662年），奔逃至缅甸的永历帝被吴三桂索回，6月的一个清晨，父子及眷属25人在昆明篦子坡头利昆巷口金蝉寺遭弓弦勒死。大明皇统彻底灭亡。

此后，昆明人认为吴三桂原为明朝臣子，却投清灭明，逼死皇帝，实为忤逆之举，便借用谐音，将“篦子坡”改名为“逼死坡”。及至清道光年间，地方官觉得此名有损于朝廷威名，且对执政者似为讥讽，会令老百姓存有潜意识的逆反心理，再把坡名改为“升平坡”，并立“升平坡”短碑于坡头。然而终无法防民之口，石碑可以改头换面，“逼死坡”的旧称却始终不绝于民间。1911年，云南革命党人发动“重九起义”，清王朝统治被推翻。都督蔡锷在永历帝遇害处立碑纪念，碑文为“明永历帝殉国处，民国元年季冬元下浣，三迤士民恭建”。

王朝更迭，历史推演，各种粉墨登场后终有散场那天。而生死，这世间的来来往往，却并非简单的周而复始。清明的作用，便是叫人记住吧。

好多年了，你一直在我的伤口中幽居，
我放下过天地，却从未放下过你。
我生命中的千山万水，任你一一告别，
世间事，除了生死，哪一桩不是闲事。

与登玉案山的道路背向而行，可达塑有全国闻名的五百罗汉的筇竹寺，寺旁海会塔是佛寺式陵园，环境清幽。西山、玉案山、筇竹寺构成一条特殊的清明游览、祭扫线路。

◆ 筇竹寺

生命来而复往，兜兜转转；岁月长长短短，磕磕绊绊，人生逃不开一蔬一饭的日常，又常常远胜于这样的日常。在历史的长河里，在岁月的缝隙中，来了一些人，又走了一些人，发生过的故事都留在记忆里，刻在时光的墙上，等到挥手告别这人间，那一笔千秋能在后人心间记取多少，抑或只是风起云散，其实都不重要。

清明的一挥袖，挥别的不仅是亲人、好友，还有对这天地间往来生灵的眷恋。

世间谁不眷恋生命，有的人却只能抛却。滇西边陲腾冲，有国殇墓园。作家海男曾撰书《国有殇》，记腾冲战事，我做她的责编。今天写到这里，我翻出了当时写下的一段文字，满满的，都是对这座边陲小城的感情和当时编校《国有殇》的感慨：

他说，是银杏村的白果，还有自家的香橼。迢迢地寄了来，还附了信。手写的字被果子的水汽浸得有点软，我还是能认出，与指认我“骄傲”的那个笔迹一样。那个地方，刚拿了驾照就开去过，一夜，与手提书稿穿过钱局街的那晚交错重叠，化作牵念。她敢说，孙立人将军是她前世的情人，我不敢，我也没有那么宽阔的心灵田地可供播种，秋收冬藏。我只是爱那座宁淡的小城，爱通往它的大道，直插天际，一路向阳。

当年跑车腾冲，只住了一夜。次日晨起，循着当地人的指点，在街巷的一片清静中走到街尾一家早点铺，点了几碗稀豆粉泡饵饮，一行人吃得心满意足，直想打包带

◆ 高黎贡山神田

回昆明。那是现磨的黄灿灿的稀豆粉，大锅里煮得滚涨，一勺倒在白瓷碗里还呼呼冒着热气，加上佐料之后，把现烧好的饵饫掰成小块泡入，那种粗与细的搭配、流质与干货的混合，香甜、软糯得无法形容。

腾冲是夏秋两季最好，夏天各色花开，溪水涨满山川，鲜果多多；秋天银杏村的叶子都黄了，整个村庄一片金色，还可以吃到白果炖鸡等当地美食，饱了口福又兼顾了养生需要。如果是春天，泡火山温泉当然顶好，不热，驱寒，有利于扶助身体的阳气，把整个冬天积存在体内的寒凉都驱散出来。

因为急于赶路，我们在早点之后只去了位于县城西南1公里处叠水河畔来凤山北麓的国殇墓园，却也是初到腾冲的我，最想看的地方。这是为纪念抗日战争时期中国远征军第二十集团军光复腾冲战斗中阵亡将士而建的墓园，也是中国规模最大、保存最完整的抗战时期正面战场阵亡将士纪念陵园。辛亥革命元老、爱国人士李根源先生取楚辞“国殇”之篇名，题为“国殇墓园”。

墓园建成于1945年7月7日，占地88亩，主体建筑以中轴对称、台阶递进形式，由大门经长甬道循石级而上至第一台阶，再循石级而上，至嵌有蒋

◆ 国殇墓园

中正题李根源书之“碧血千秋”刻石的第二级台阶挡土墙，沿墙分两侧上至第二台阶，建有庄严肃穆的忠烈祠。忠烈祠为重檐歇山式建筑，上檐下悬蒋中正题“河岳英灵”匾额；祠堂正门上悬国民党元老、大书法家于右任手书的“忠烈祠”匾额，祠内外立柱悬挂何应钦及远征军二十集团军军、师将领的题联；走廊两侧有蒋中正签署的保护国殇墓园的“国民政府军事委员会布告”，二十集团军总司令霍揆彰的“腾冲会战概要”“忠烈祠碑”等碑记。祠内正面为孙中山像及遗嘱，两侧墙体嵌阵亡将士题名碑石。

忠烈祠的背后是相对高度31米的小团坡，自下而上小碑林立，碑下均葬有阵亡官兵骨灰罐，墓园大门一侧筑有“倭冢”一座，埋有4具日军尸骨于其中。坡顶立有高10米的纪念塔，外形为方形柱式，系用腾冲特有的火山岩雕砌而成。塔身正面镌刻着霍揆彰的题书“远征军第二十集团军光复腾冲阵亡将士纪念塔”，塔基正面刻有蒋中正题、李根源书“民族英雄”4个蓝色大字，其余三面为腾冲抗战纪要铭文。以塔为中心，辐射状地把坡体分为6个等分，每个等分都代表一个师，密布着墓碑。墓碑上书阵亡将士的姓名和军衔，碑下葬有该人的骨灰。整个烈士冢共立墓碑3346块，其中包括战死的援华美军人员。

◆ 李根源故居

◆ 中国远征军名录墙

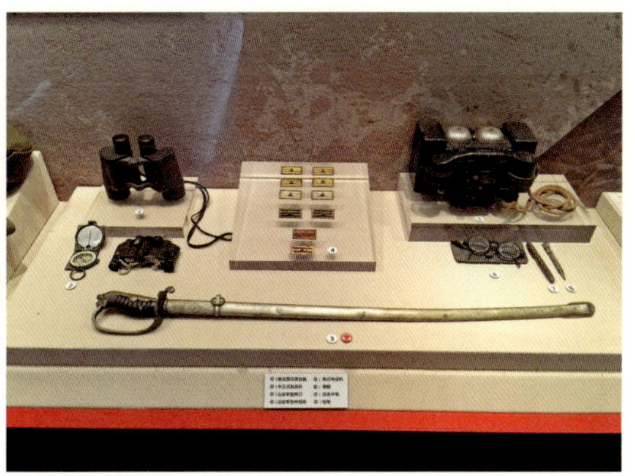

◆ 滇西抗战纪念馆藏品

◆ 滇西抗战纪念馆

那天早晨我们进入墓园前，街道已经热闹起来，而墓园内却肃穆异常，进入的人要么默默观瞻，要么轻言细语。墓园空地遍植松、柏、竹，林下绿草如茵。我静静地走上小团坡，细细看那些墓碑。与平时见到的不同，每一块墓碑都特别小，比一块砖大不了多少，时光在上面留下不少痕迹。一位白发老者端坐于台阶之上，一动不动静静地凝视着身旁的小碑，一句话没有，仿佛融进这场景的一尊雕塑。

滇西抗战是中国抗日战争史上极为惨烈的一页。为了切断当时国际援华物资的唯一通道——滇缅公路，日本法西斯从东南亚反抄中国的大后方，企图攻占云南、威胁重庆，迫使中国就范。1942年5月，日寇铁蹄踏上滇西土地，腾冲沦陷。5月5日，中国军队炸毁怒江惠通桥，将沿滇缅公路进犯的日军阻击在怒江西岸，两军就此对峙怒江两岸长达两年之久。1944年5月，为策应中、英、印联军对缅北日军的反攻，重新打通滇缅公路，收复怒江以西失地，据守怒江东岸的中国远征军以二十集团军6个师的兵力发动滇西反攻战役。作为滇西最坚固城池的腾冲城，有来凤山作为屏障，日军经过两年多据守，筑有坚固工事及堡垒群，准备了充足粮弹。这注定是一场极端惨烈的战事。据统计，从1944年5月11日远征军二十集团军强渡怒江至9月14日攻克腾冲城，历时127天，大小战役40余次，毙日敌6000余名。以18000多名官兵的英勇奋战和浴血牺牲为代价，中国远征军收复腾冲，使腾冲成为滇西最早光复的县城。

◆ 春到和顺古镇

云南，并非仅是山水的，同时也是历史的，更是人文的。

有着得天独厚生态自然条件的云南，在历史边缘轰轰烈烈过，几度甚至影响了整个国家的命运走势，在如此惊涛骇浪里滚打过的云南，因为大山的包围而边缘、隔绝，同样也因为大山的包围而纯笃、刚烈。清代云南著名史学家师范在史书《滇系》中论断：“盖宇内山水半发源于滇。如木有根干，故其钟于人，率多纯笃而挺拔！”

风云之后的云南，在并不落后的现代步伐之中，精神生活回归老式茶馆的闲散日子，“一个萝卜一头蒜的实在，已然是一种人生的布局了。在这个布局中，悄然滋养的，是一种规避惊涛骇浪的笃定和淡漠功名利禄的清远”。

◆ 和顺古镇小景

谷雨那眼

今年夏至，昆明持续近三周大雨，我第一次对春雨和夏雨有了明确的对比，深深体会到“春雨贵如油”的道理。春天的雨是温和的，绵细的，短时的，在春季的最后一个节气谷雨时节，秧苗初插、作物新种，最需要雨水的滋润，这时的春雨在农耕中起到关键性作用，是古谓“雨生百谷”。春雨来时特别冷，是因为冬的尾调还在延续，雨水一来，加速了降温，及至谷雨时，温度已大幅上升，起码羽绒服是可以安心收起来了。夏季的雨比之春雨则猛烈得多，降雨量大、持续时间长，有时甚至影响到日常生活，在昆明，体现为堵车；在州县山区，则是滑坡、塌方。所以，在云南，春雨中出行并不打紧，备件厚衣服即可，而夏雨时段，最好避免山区出游。

但云南，真是得天眷顾。在大山包围中，自成气候，受全国性天气变化的影响是比较小的，各类自然大灾害也相对少。云南人，特别是昆明人“家乡宝”的脾气，更多是源于这样得天独厚的自然条件，一出省反差太大，多半受不了。反之，大部分到云南居住过的人，都不想走，也是这个原因。

近些年，云南加大了旅游建设投入和宣传，不少州市都宣称“冬无严寒，夏无酷暑”。我三十余年长住昆明，每年两次开车带家人跑各个州县，亲身体验的结果是，真正四季如春的只有昆明。州市要么冬天冷一点，要么夏天热一些，都不及昆明均衡。

前些年，昆明的春天特别干燥，加之城市建设，给人一种灰乱感。近年来得益于河长制和滇池治理的成效，昆明处处“河清海晏”（请允许我使用这个词，把滇池放在黄河位置上，把大海替换为昆明城），以往的那种灰燥感已成历史。滇池清了，盘龙江干净了，暗河逐一打开并对河岸加以绿化，加之四季开不断的花，将春城昆明誉为“花园都市”是不为过的。杨升庵《春兴》中写：“昆明初日五华台，草长莺啼花乱开。”一个乱字，倒点出昆明的花多与花盛来。花的美，是要绿色加以衬托的，绿化好了，花才品貌端正、娇艳欲滴。

因为住在环湖东路附近，我常开车带儿子去兜风或散步。这条路修得平直，大部分区域都临滇池，建了海东、捞鱼河、大渔等数个湿地公园，是孩子们亲近大自然的好地方。去呈贡新区，我也宁愿绕远走这条路，行路当中可以看大片花海，四季不同。今年，随着环湖南路修通，环湖路全程66.99公里全线竣工通车，“一条通往庄家塘立交，止于高海线与老安晋公路交叉点，连接起滇池路、昆洛路、广福路等昆明新老城区的主动脉，将新昆明大中心板块的热闹场景切换为以滇池为背景的环湖路板块时代”。

◆ 从环湖东路远望西山

◆ 滇池之滨

10年前去大连，特别倾心于滨海公路，认为一个城市有了这样一条道路，格调不知提升了多少个档次。没承想，家乡昆明有朝一日也有了一条“滨湖公路”，不同的是，不在高山上；不环山而确实环水（环湖南路更是全程架设在滇池中）；与城区完全融为一体；除了行车，还有专门供行人和自行车骑行的观景道路；沿线路灯是美丽的“白色小风车”，这种风光互补太阳能路灯，将风力与太阳能两种最为环保的能源作为运行动力，每年节电17万度，对于强调环保的环湖路而言，无疑是最好的装饰。

与昆明环湖路相呼应又有不同侧重的是抚仙湖时光栈道，它是抚仙湖北岸生态湿地的主要组成部分，西起澄江尖山小学，东至海口大石洞，总长约28公里，整个设计思路以“时光栈道”为线索，“融入了山体景观、抚仙湖蓝色摇篮、万亩田园等自然元素和滇中风韵、山下古城、澄江古生物群文化、生物进化时间序列等文化元素，以湖岸实际地形地貌为依托，沿东西方向延伸”。栈道的设计离公路比较远，相对封闭，只供行走和骑行，更强调绿色出行。

2012年7月，澄江化石遗址申报世界自然遗产获得通过。澄江帽天山及周边区域几近完美地保存了距今5.3亿年前寒武纪海洋生物群落化石，已发现的200多种远古动物化石完整地展现了从海绵动物到脊索动物的生命演化过程，令人叹为观止地记录了5亿多年来围绕生存的残酷竞争、关于物竞天择的冷冽规律、基于优化的神奇遗传和人类何以现世而为世界主宰的最早源头，这一“寒武纪生命大爆发”的惊人记录，令云南代表中国进入了世界首席。正如中国神话学泰斗级人物、云南大学李子贤教授在压轴之作《再探神话王国——活形态神话新论》里提出的“U”型东南亚古文化带假说（西端从中国云南的佤族开始，中经中南半岛、印度尼西亚群岛、菲律宾群

◆ 澄江县孤山风光

◆ 澄江水云间

岛，直至东端的中国台湾原住民，存在着一个“U”型东南亚古文化带）一样，将东南亚文化圈或南岛文化的源头，直接推向了云南的南端。

边陲云南，不仅仅是旅游天堂，它深藏着震惊世界的力量。一条“时光栈道”，走过的是整个地球5.3亿年的进化史。

沿环湖东路向晋宁方向约30公里，是昆明市新打造的古滇湿地公园。原先这个区域有200亩自然湿地，规划后在这个基础上改造扩建成占地超过1100亩的生态湿地，与滇池水体共同构筑起一道生态修复、水体净化的隔离屏障。古滇湿地中心有山，爬至山顶，公园全貌呈现眼前：数道长堤以一种优美的水袖舞般的姿态铺陈在滇池南岸，繁花似锦；古渡大码头停靠的船篷两头尖翘的大木船以及漂荡于滇池风波中的白帆船

◆ 古滇湿地公园

将时光逆推数百年，“五百里滇池，奔来眼底，披襟岸帻，喜茫茫，空阔无边”的景象确在眼前！与其称为公园，真不如就叫它古滇国。无论是游客中心、古渡大码头、中心山顶建筑，还是园区另一边山上的商业区和养生养老度假区，全部仿古滇人的干栏式房屋加以建筑。屋顶用木板或木条覆盖，屋脊长于檐口，脊的两端均向上翘，正面看像一个倒三角。古时这种房屋顶部两山面搏风板还要交叉成燕尾状，交叉相接处有突起的钉状物，内侧与圆柱旁伸出的斜撑相接，既起到加固搏风板的作用，又具有装饰效果。顶端的木条削尖，长出屋脊很大一截，完全是石寨山出土的滇国青铜器房屋的放大还原版。这种整体呈放射状的房屋，显得非常挥洒、雄伟、壮观。

湿地长堤上，种植各种各样的观叶植物和花卉，一年四季花开不断，争奇斗艳，这种连片的色彩在蓝天白云，特别是滇池水的动态映衬下，显出特别饱和的色彩感，娇嫩可喜。主道路铺设的塑胶跑道在明媚的阳光下像红土地一样柔软，行走舒适，更

◆ 生态和谐的湿地公园

◆ 云南省博物馆

可以作为慢跑运动的专业跑道。水中栈道采用浮桥式设计，好似行走于船甲板上，轻微的漂漂荡荡感，舟行海上。

没有一个公园可以如此敞阔，面向滇池、深入滇池、依偎滇池；没有一个公园可以如此豪放，将古滇元素融入、化用，全然将时光逆推倒转，承托众人回到拥有高度发达的青铜文明却神秘消失的古滇王国。

仿若一梦，古滇一梦。

话说羌人建立中国历史上第一个王朝夏，随后夏为商所灭，羌人遭到商朝统治者的严厉镇压，遂奔逃远走他乡。这些逃离者，与江汉地区南迁的濮人等，在数千年历史中源源不断地涌入因高山深谷阻碍而与世隔绝的云贵高原，寻找理想的避世与聚居地，慢慢形成了主体民族“僰族”，也称僰人、滇人或滇族，建立了云南历史上最早的地方政权——滇国。考古资料及尤中、朱惠荣教授等专家推衍证实，公元前5世纪左右（不晚于春秋末期），僰族已跨入阶级社会，建立滇国，至公元前109年汉武帝征服滇国并设益州郡进行辖制，“赐滇王王印，复长其民”，滇国作为独立王国存在的时间约400年。其全盛时期（战国末至西汉初）在以滇池地区为中心的云南省中部和东部造就了灿烂的青铜文化，并融合境内昆明族、叟族以及两汉以来迁入的汉族等民族而逐渐形成和发展为极具鲜明地方特色的“滇文化”。年代跨度为战国—西汉—东汉的羊甫头墓地的发掘，证实了高度发达的滇文化及滇池部族的存在；年代跨度为战国—西汉的李家山墓地的发掘，证实了高度发达的滇文化及抚仙湖部族的存在；年代跨度为西汉—东汉的石寨山墓地的发掘，证实了滇国归汉；距今推测断代为4000年的学山遗址以及与其遥相呼应的金莲山墓地的发掘，证明了滇文化曾经的回归和古滇国最后的消失。在这些地点出土的代表着滇文化特色的青铜器，“以其独特的艺术造型、丰富多彩的表现内容和独具匠心的表现形式闻名于世。它不仅是具有书史记事性质的古代金文档案，同时也是云南青铜文明高度发达的集中体现”。这些，你都可以从古滇湿地公园继续往晋宁、江川——曾经的古滇国中心区域——去探寻。

◆ 二鹿铜戈

◆ 狩猎场面铜贮贝器

◆ 鎏金骑士贮贝器

考古及文史专家们试图通过把这一系列古墓群、出土青铜器和其他出土物、生活痕迹排列起来，大致勾勒复原出古滇国的疆界范围：北起昭通、会泽，西面从安宁到新平，东面从石林到泸西，南抵元江、个旧这样一个东西宽约150公里、南北长约400公里的区域，位居云南中部和东部，以滇池区域为中心，连接阳宗海、抚仙湖、星云湖、杞麓湖片区，形成古代“五湖”生态聚落群。彼时古滇国东部为夜郎国，北部有邛都国，西部有以洱海区域为中心的昆明国。地质资料表明，约在320万年前，抚仙湖湖面高出现在100～140米。那时的“五湖”原本很可能是连在一起的一个整体，而古滇国先民生息繁衍于其周边。如今抚仙湖沿岸渔民使用的大腹、两头尖翘的木船（俗称豆角船或小勾船）与李家山青铜贮贝器上雕铸的古滇人竞渡船看起来很像；而沿湖美味“铜锅鱼”所用来煮鱼的铜锅，正如《魏书·僚传》所载僚人使用的宽口、大腹的铜釜；阳宗坝子里，老年妇女们至今梳着一种奇特如杵的发型，与古滇妇女“银锭髻”极其相似，这里的妇女用一种网状饰物系腰，有可能也与上古越人在溪流捕鱼的习俗有关。种种痕迹都证明着古滇国及其部族在云南这片土地上曾欢跳不止的脉搏，不断出土的文物也辅证了西亚和南亚文化通过蜀身毒道（南方丝绸之路）进入古滇国的痕迹，包括相邻的百越文化、古蜀文化、楚文化以及较远的越南东山文化、泰国班清文化，都在不同程度上影响了滇文化的发展。“凡此种种，都证明古滇国处于一种相对开放、包容的社会文化环境中，也正因为与各种文化间的积极交流、兼容并蓄，最终形成了高度发达、绚丽多彩且极具地方民族特色的古滇国文化。”

辉煌了400余年的滇国在其鼎盛时期莫名消失，留下悬案无数，最为人津津乐道的当属抚仙湖水下发现庞大的古城遗址，是否就是当年的滇国都城？时至今日，发掘与考证工作仍在进行，尚无定论。搜寻史料互证，滇国的灭亡与当时西汉王朝所奉行的边疆政策有很大关系。西汉元封二年（前109年），在“汉习楼船”的西汉攻伐部队大军压境之下，滇王举国投降，拜受汉武帝所赐滇王金印，权力被所设益州郡郡首取代。《史记》所言：“西南夷君长以什数，夜郎最大。其西靡莫之属以什数，滇最大。”中国西南面的数十个部落中，夜郎国最大，滇国第二。收服滇国只是汉武帝版图扩张中的一步棋，欲借其牵制夜郎并阻“昆明人”东进之途，所以作为“异姓王”的滇王受印之后并未换得永久的平安与稳定，相反早早注定了日后遭裁撤的命运。而当夜郎终灭、“昆明”被破之后，滇国的灭亡也就属于题中应有之义了。汉武帝赐给滇王的纯金王印，2000年后出土于晋宁石寨山，青铜王国屈从于铁器郡县的历史，终被证实。汉人携内地文化大规模涌入云南，“到公元1世纪，荣耀一时的云南青铜文化就完全融入到铁器文化之中了”。滇人文化的急剧变化，令今人充满好奇：短短100年间，究竟发生了什么，或者，什么还没来得及发生？历史瞬间席卷而来的大浪，倾覆一切，不容分辩。像抚仙湖水下的城，唯余一片鬼影。

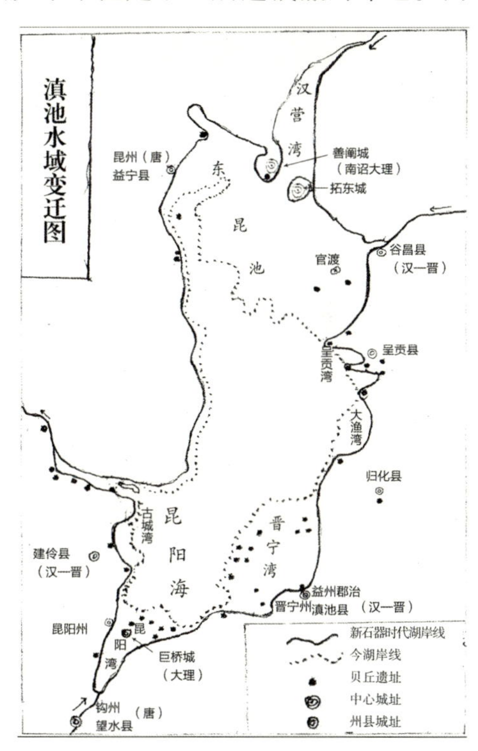

◆ 朱惠荣教授手绘滇池水域变迁图

有史可查以及经考古发现佐证的古滇国核心区，春秋战国时期延续500余年的滇国都城应该就在晋宁湾一带的湖山之间（见朱惠荣教授《昆明古城与滇池》一书）。

如今走进昆明晋宁区治所所在地的旧城，

郑和公园脚下，一条2公里左右的“小街”，保存相对完整的明清时期民居和公共建筑在这条小街“大隐于市”。昆明的友好城市——瑞士苏黎世市文物保护局专家一行20人曾3次进驻考察，“古滇王国帝都一幕幕的遗落文明使他们惊叹不已”。资料记载当时保存完好的明清两代城建布局占地约60多万平方米，由上西街、下西街、官井街等8条街道组成“田”字形，又附以数十条小巷，这样的建筑格局始自明朝万历年间，保存至今。那些典型的“干栏式”“一颗印式”结构的房屋，采用三间四耳或两间两耳进行四合院布局，抬梁穿斗的屋架，重檐歇山式组合，各种繁复的雕花格子门窗，诉说的已是汉夷文化融合之下的益州郡场景，但某些细节，又悄悄地低语着滇国源流的古音。现代化的代价令今日的我们再难亲见如此场景，但尚可期待古滇王国项目的落成，复现一个恢宏的青铜时代。

中国古代的乡村城镇，大多依托河流溪水，不仅如此，还要开凿水井辅助，而晋城镇古井之多，到了“家家有水井，户户有清泉”的地步，而且这些古井，直接挖凿在主人家厨房内的灶台边，取用之便捷不输现今的自来水。这些“私井”与宅外街道上的“官井”共同构建了晋城古镇的用水系统。这些古井有着与其他地方古井不同的特点：一是井口小，直径只在20厘米左右，以防人投井轻生；二是井栏两侧有相对称的小孔，可为井加盖上锁防止投毒。轻生与害人，如此频繁出现于古镇人的生活，以至于日常防范之严？又或者，在朝不保夕的年岁，轻生与害人都会令人口突然减少，需要防患于未然？这些紫砂石或大青石凿成的井栏上，日复一日井绳上下提水运行的磨痕，深深浅浅。触摸之下，仿佛有声音回响，并不是在解答关于古滇国的种种疑团，只是在诉说，岁月不易。

晋城镇属昆明市晋宁区，坐落于滇池东岸，三面环山，一面为湖滨丘陵平原。这里，即使放在今天来看，也是“阡陌纵横，田畴交错，良田万亩”的富庶之地。古镇西约5公里处，就是闻名遐迩的国家级重点文物保护单位石寨山，根据数年来连续发掘的古墓和出土的大量文物考古证实，数代滇王及其家眷、臣仆葬身此地。

◆ 晋城——古井

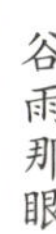

晋城——街景

云南在未来几年打造、推进的十大历史文化旅游项目建设，昆明古滇国位居榜首，正是希望借这些遗存的古迹连点成线、聚线为面“复原当时的社会环境、社会生活，复原当时的村落，复原当时的祭祀活动，甚至创造生动的情景，让观众进入当时的生活景观体会感受，可以引导和激发人们对遗址游览、观赏和保护的兴趣和好奇心。在遗址周围还可以规划开发成集自然景观与人文景观于一体的有着浓厚民族、历史韵味的新型旅游资源”。

整个古滇国旅游开发项目有句广告词很引人注目：“重塑世界对昆明的想象”，设计者为古滇描绘的类似图腾或者说标志一样的虎头非常大气，贴合古滇发掘的种种文物气质，使用了最有代表性的虎图案，同时色彩搭配在极端艳丽之中又突显了高贵的气韵，令人过目难忘。如果说过去很长一段时间，外人对于昆明除了“云南省会”和“春城”两个标签之外一无所知，甚至因为讹传而产生诸多误解，那么是时候让你看看真正的昆明了，让你在了解昆明之后，发现只把它作为一个云南旅游走丽江大理的中转站是多么可惜——它本身藏了那么多自然的、历史的、人文的景致等你来游览，那么多街头巷尾的美食小吃等你来饱口福，那么多舒适有特色的酒店等你安放身心——你错过了它好多年！

朱惠荣老师在《昆明古城与滇池》后记里充满感情地回忆：

云大校园内举目可见巍峨、斑驳的城墙，还有护城河里残留的水塘，这已是昆明古城的北隅。我们班的教室在会泽院三楼正中的仰止楼，是欣赏湖光山色的绝佳处，远处苍茫的水面似罩上薄薄的轻纱，天朗气清时还能感受到波纹律动，西山睡美人的轮廓尽收眼底，犹如画幅。从此，我的心底深深地刻下了“昆明”和“滇池”这两个神圣的名字。我在云大学习、生活、工作，奉献半个多世纪，也和着昆明城市发展的节拍脉动。当我不停地积累着对昆明的认识，也愈加感受到昆明给我的爱的深厚无涯，我是充溢着深深的爱对它进行研究的。

◆ 远眺春城

我对昆明也有着同样的感情，也有着一个日渐深厚的过程。朱老师用数十年不间断的对昆明古城和滇池区域的研究来表达他对昆明的爱；而我，用一朝一夕的生活积累对于昆明的爱。在这个城市里，我感到亲切而自在。

春季节气的尾调谷雨，是整个春天“肝木旺盛，脾衰弱”中唯一脾处旺盛期的节气，脾的旺盛增加胃的动力，强化了人的消化功能，利于食物的消化和营养的吸收，正是补身的大好时机。这个时候新鲜野生菌洗净切片或段，与满山跑的土鸡一同下锅文火煨炖，简直是人间至上的美味。菌子鲜甜，鸡肉香韧，最无法形容就是那锅菌子鸡汤，食物配搭与转化的非凡功力尽现其中，令人欲罢不能！

享用云南山珍进补之余，试想浸泡于古滇湿地温泉山顶的无边际泡池，面对夕阳下空阔辽远、波澜不惊、白帆犹见的滇池，身后枕的是春城的万家灯火，若有酒凌虚，必也不叹滚滚英雄谁在。手执一盏陈年普洱，细细品咂，岁月的浓厚与时光的清透尽在其中了。

云南这片多民族团结进步、繁荣共存的大好河山，有充足的理由留得住人，更有畅达的大道通往叫作世界的远方。

作为南亚、东南亚辐射中心的云南，边境线与缅甸、老挝、越南三国接壤，共有9个开放口岸可直接办理出境游。河口口岸通往越南百年小城沙巴和海滨城市广宁；磨憨口岸前往东南亚唯一内陆国家、自然人文本真状态保存完好的老挝琅勃拉邦；天保口岸可达越北有着茂密森林植被和清新田园风光的河江；瑞丽口岸直达缅甸“一路阳光一路佛”的南坎、“多宝之城”曼德勒、万塔之都蒲甘；猴桥口岸穿越缅甸密支那古道——1000年前叫作“南方丝绸之路”，70年前因“史迪威公路”扬名；打洛口岸直抵缅北特区那个令人心跳加速的“金三角”地带……陆路、海道、空中航线，任由你选。若要问我建议，当然是：

带齐你的证件，车油加满，出发！

◆ 今日“史迪威公路”

我的尾声，你的开端

◆ 盘龙江畔蓝花楹盛开

立夏前后，是昆明最浪漫的时段。整座城几乎都被蓝花楹的紫色雾霭所笼罩，显出意外的神秘和轻柔。蓝花楹作为引进树种，在静默的行道树角色中陪伴了昆明人三十多年，突然就从高大的枝繁叶茂间华丽转身，用铺天盖地的紫蓝色花朵惊艳了全城。

蓝花楹花期特别短，只有春末夏初的十几天，花开花谢同样轰轰烈烈，来如紫色雾霭弥漫全城，去似紫色轻纱铺满道路。三岁半的儿子每天迎着夕阳出去散步，就指着脚下一朵又一朵的紫蓝色花儿说："蓝花楹掉了一地。"我应他："对啊，蓝花楹掉了一地！"歌词里一句"凉凉天意潋滟一身花色"仿佛就是写这个时候的昆明，天气凉凉，春意渐远，火热的夏到来之前，且再歌一曲春词，再见明年。

谁念西风独自凉？萧萧黄叶闭疏窗，沉思往事立残阳。
被酒莫惊春睡重，赌书消得泼茶香，当时只道是寻常。

总以为人生意义何其重大，要坚实伟岸、轰烈昭彰，每天的日子，那些普通的岁月，往往只道是寻常。其实人生好像洋葱，剥到最后什么也没有。人生的意义恰恰是每一天的点滴，是年月的更迭，是遇见的欣喜，是春夏秋冬相伴的风景，是回首时“当时只道是寻常”的轻轻叹息。人生，本就是消耗，是流转，是来世上一遭，认真地看花开花落。历史需要成就忠烈，需要很多熠熠生辉的存在照亮史册，但生而为人，活下去——认真地活下去——从容、风流、精致、仁爱地活下去，难道不是权利，不是追求，不是梦想吗？尘世中默默走完一生的人，才是生命得以延续的大多数啊！历史，踩着这大多数沉默的身躯而得以前行。

◆ 昆明满街蓝花楹

当时只道是寻常，当我们一路急功近利地拼搏，粗糙地狂奔，可曾发现，又是一年春来花开，春风缓缓，春阳暖暖？是不是一定要经历过生离死别，才得来凡夫俗子最大憾：“意外早于未来，而你仍有牵挂之爱”？抛开那些所谓意义，与相爱之人“赌书消得泼茶香”，并肩静候山岚月色，走很远的路只为看一朵花开……不错过人生当中任何美丽，将生命认真地消磨在美好的事物上，“浅浅岁月拂满爱人袖，片片芳菲入水流”。

公元1613年5月19日，当时还没有伟大的徐霞客从浙江宁海出西门，第一句话就是：“云散日朗，人意山光，俱有喜态。”数百年后，这个日子，被国务院定名为“中国旅游日”。

而那一天的徐霞客，只是出门去，做一件自己喜欢的事。